U0048129

移動的城市

楊志弘 著

人在城市間移動，切換心情；
城市也隨著人來人往，變幻風情。

推薦序 1

流動者書寫「家」的特殊感覺

夏鑄九
（台灣大學建築與城鄉研究所名譽教授
南京大學宜興講座教授）

楊志弘教授是全球資訊化年代城際網絡間的流動者，他以媒體人敏感的身體、靈敏的眼睛、以及四海一家的寰宇之心，生動地告訴我們他的見聞，特別值得向建築與城市的學習者推薦此書，分享城際流動經驗。他的寫作篇章分明，前言內文標題清晰，文字易讀，配合圖解，眞是媒體寫作的典範。

不用說農業社會的地點定著的「地方」體驗，相較於工業社會的「延伸」空間，越界始終是不容易掙脫的限制，對當前越來越重要的網絡流動而言，敏感的城際間的流動者用書寫表達特殊的「家」的經驗。如：「離家才認識故鄉。」「離家就是回家，回家卻是客人。」「空間不是距離，時間留下回憶。我在三城間的移動，離家就是回家，回家就是歸人！何處是家？有人等待就是家。」

對網絡社會而言，節點是流動的要害，門戶的體驗越發關鍵，於是作者告訴我們對火車站與機場的感動，「車站是遠行的起點，也是歸來的終點」。巴黎奧塞（d'Orsay）美術館車站的再利用，倫敦的國王十字（King's Cross）車站與緊連著的聖潘克拉斯（St. Pancras）車站，它們的空間氣勢與使用經驗，現在的建築學生已經很難理解十九世紀的資產階級美學論述竟然認爲這些不是建築（architecture），因爲建築必須是美的建築物（building）。這種保守的美學偏見造就的的區分當然就被工業革命營造技術與材料支持的園藝師設計的水晶宮重重羞辱，被土木工程師設計的艾菲爾鐵塔歷史地復仇，廿世紀的現代建築也因此誕生。

在今天，廿一世紀資訊技術革命再度改變了我們的經驗方式，流動的空間使得建築就是媒體，是傳播、溝通力量的再現，是空間意義競爭的領域。作者告訴我們，紐約拉瓜迪亞（La Guardia）機場裡，「絕大多數人低頭，忙著網遊，因爲候機大廳的休息區、餐廳、咖啡吧、酒吧提供了免費上網的iPad。等待登機的旅客忙著收發郵件、上臉書、查詢目的地資訊，沉醉在網路世界」。在孤寂的機場裡，建築太沉重，早已拋諸腦後，後建築時代，天涯若比鄰也。

媒體人具備的社會感，作者使我們感同身受。人類歷史上最大規模的季節流動，大陸的春運，前胸貼後背的人潮密度，「見縫插針」式突破擁擠，以及，1989年作爲中轉航站的香港啓德機場，無情的海關人員與航空公司地勤作業者眼中的回鄉探親老兵，他們留下的束手無策的眼神。網絡社會的流動空間裡活著的仍然是有生命的人，不幸的是，技術分工下造就的建築與城市的專業者與技術官僚們卻是目中無人。推薦此書。

夏鑄九

推薦序 2

世界諸多角落的驚鴻一瞥

何飛鵬
（城邦媒體集團首席執行長）

楊教授才情洋溢的筆觸，生動描繪了走向國際的上海、世界注目的北京，以及我們如魚在水的台北，這三個城市於時間和空間裡的流動與騷動，還有世界諸多角落的驚鴻一瞥，以及人們間的交融片刻。

管他離家回家還是處處爲家的情懷，或是詩意中帶有哲思的起點終點都是原點的意境，書中流露出的永恆觸動，會讓你翻開之後欲罷不能，一路追尋著他的腳步——穿越你的人生。

《移動的城市》值得細細閱讀慢慢品嚐。

何飛鵬

推薦序 3

在移動城市中看到城市的氣質

謝金河（財信傳媒集團董事長）

人有氣質，城市也有氣質，人的氣質決定了個人的人緣，城市的氣質，影響了城市的人氣。志弘兄在《移動的城市》中細膩地寫下他走訪兩岸中看到的心得。

從上海的來自八十五個國家，三五〇〇〇人參加霧霾籠罩下的國際馬拉松，到北京計程車侃侃而談天下事務，乃至到三峽遊船上讀羅貫中的《三國演義》，志弘兄詳細紀錄下各個不同城市的面貌。

過去的一甲子是大陸經濟最飛躍成長的歲月，志弘兄從台灣銘傳大學教授變成往返台北、上海、北京跨兩岸的知名學者，他見證了兩岸城市在快速發展中的變貌。這部《移動的城市》就像一部遊記，帶引我們遊歷各大城市，為我們大大開了一扇窗！

謝金河

推薦序 4

挑動溫暖又略惆悵的旅人情懷

白崇亮
（台灣奧美集團董事長）

志弘兄的這本《移動的城市》，用他敏銳的觀察和細膩的心思，鋪陳了一個旅行者的有情世界。讀來引人入勝，趣味十足，讓我展卷即不可收拾，要把全書讀完方才罷手。

他以台北—上海—北京爲主軸，旅行經驗卻跨越世界各地。不論我們是否去過這些地方，都被作者親身體驗的種種動人故事，挑起了心中曾有過那份既溫暖又略惆悵的旅人情懷。

人生如客旅，處處皆朋友，而何處是家？志弘說得好——有人等待就是家！

白崇亮

自序

移動中的寫作

自兒時學會走路起，就喜愛倚著家門，向外張望。門外的世界，對我有著無限的憧憬。

長大後，不安分的心，更是強烈。出門旅行，一直是我安排生活的優先考慮。移動的心情，想要追尋更多未知的可能。1980年代，年少輕狂的我，每年寒、暑假，在台北、倫敦和紐約三城遊走。2008年起，在兩岸三城移動，同時在台北、上海和北京三個城市生活、講學，並且頻頻在海內外的不同城市間穿梭，成為典型的「城市移動者」。

本書集結的文章，幾乎都是在移動中，抽空、隨興寫下來。

書中的文字，創作於候機室、火車上、博物館的休息區、酒吧、咖啡廳、甚至排隊買票等各種移動的時空狀態下。絕大多數是先寫在手機上，再傳到筆記型電腦進行潤飾，有時候直接就從手機傳送給雜誌社編輯。有一次，我正在夏威夷郵輪上渡假，船上的網路效果甚差，折騰了一整夜都無法傳出稿件。幸好第二天早上船靠岸，我匆促下船奔向碼頭，找到一家商店的WiFi信號，及時在截稿前傳出稿件。

移動中的創作，時空情境的影響很大。在霧霾的北京，寫法國小鎮的藍天；在雪梨的豪華酒店，寫倫敦酒店的地下室客房；在箱根的高級懷石料理亭，寫重慶麻辣火鍋；在上海的摩天大廈，寫倫敦的街頭塗鴉。每次下筆時，都有時空錯置，重新檢驗昔日經驗的心情。

正因爲移動中的心情，變化頻繁，原本計畫寫的主題，往往不知不覺間就改變了方向，最終成了預期外的另一篇文章。因此，寫了不少未完成的NG稿件，只好先擱置一旁，留待不同的時空背景再持續了。

人在城市間穿梭，改變著心情；城市也隨著人來人往，變化著風情。撰寫移動的城市，如同喚醒塵封的記憶，再一次「筆遊」昔日的城市，再一次對話曾經的情感。

本書源自於「旅讀中國」雜誌社湯碧雲、張芸的邀稿，若不是她們的發想、催促，我可能永遠不會寫下這些文章，也不會有本書的出版；也要感謝時報出版趙政岷董事長鼎力協助，提供本書的編輯構想，並且在短期間克服各項困難、彙整成書。

Content

目錄

第二篇：移動途中

第三篇：移動空間

第六篇：移動餐桌

第七篇：移動藝術

Part 1

移動心情

——

這些年，我在兩岸三城移動，台北、上海和北京，幾乎每月繞行一次。我常自我調侃，說自己是狡兔三窟，過著一種「離家就是回家，回家卻是客人」的日子。

離家，即回家

在三城之間移動，離家就是回家。因為有人等待的地方，就是家。朋友們，如果讀到這篇文章，下次接風時請不要問我：「待多久？」當我離去時，你的一句「什麼時候回來？」就是最好的餞行。

不識廬山眞面目，只緣身在此山中。離家才認識故鄉，是我近年的心情。

這些年我在兩岸三城移動，台北、上海和北京，幾乎每月繞行一次。我常自我調侃，說自己是狡兔三窟，過著一種離家就是回家的日子。

北京號稱「帝都」，上海又名「魔都」，台北則是我出生的地方。這三個城市幾乎天天出現在兩岸的媒體上，是兩岸民眾最熟悉的城市。這三城也有個共同點，即都是移民城市。台北居民多半是明、清時代移居者，也有不少是1949年來台的上海人、北平人（北京的原名）。上海和北京則是大陸各省移民的重鎮，長住的台胞也不在少數，更有大量來自各地的流動人口在此生活。

過客抑或歸人？

移民城市，送往迎來的聚會特別頻繁，當然少不了來自三城的人同桌共餐。「你這次什麼時候回來？」、「這次待多久？」、「下次什麼時候回來？」是三個城市友人聚會時，最常問我的幾個問題。這時，我是他們中的一夥，是當地的自己人。我在上海是新上海人，在北京是「北漂」，在台北是自大陸返台的台灣人。

此外，我也往往成爲當地友人閒聊其他二城的主角。北京人討論台灣的政治、電視名嘴，上海人閒聊台灣的旅遊、房價，這時我是台北來的台胞。上海人批評北京的交通、空氣，這時我是在北京的「北漂」。北京人議論上海人冷漠、不講普通話，這時我成爲新上海人了。回台灣參加老友聚會，一談到兩岸議題時，我又成爲移居大陸的歸人。

「離家就是回家，回家卻是客人」，是我這些年往返兩岸，常住三城的生活寫照。這三座城市幾乎在同一經度上，只是緯度有差，南北差距二千多公里。距離或許不算遠，但不同的緯度，卻足以形成不同的地理風貌。

體驗季節轉換的情趣

冬末早春是季節轉換的日子。對於長居四季如春的台北人，很難感受季節的更迭變化。如果，你有興致體驗南北氣候的差異，我推薦下面這趟三城行走的溫差行程。每年初春三月，你或許就可體驗一下。

2013年三月，我從攝氏15度的台北直飛上海，下機時攝氏5度，大衣、圍巾、外套一樣不少。三月的上海，細雨紛紛，置身在溼冷但清淨的空氣中，走在初吐新芽的梧桐樹下，恰是春寒料峭。

七天後，我又飛到零下5度的北京，走出機場大門，我幾乎將行李箱帶來的衣服全部都套上，從頭到腳包裡得密不透風。那時雖是日正當中，室外依然凍人。

天寒地凍一周後，我再從北京直飛台北，下機又回到宜人的攝氏20度，正是春暖花開的台北四月天了。這三城走一趟，你肯定能體會季節轉換的情趣。

台北地方小，大眾交通十分便捷，約30分鐘內可到達多數地區，出租車費用一般不超過台幣300元。但上海和北京就完全不同，是絕對的大都市。台北面積只有271.8平方公里，上海面積有台北的24倍大（6340平方公里），北京更有62倍大（16410平方公里）；台北人口267萬，北京則超過2100萬人，是台北的8倍；上海更有2500萬人口，超過台北9倍。

堵車成爲北京的日常生活

2008年，我開始長住上海時，最初的困擾就是交通。上海出租車據說是全大陸最有規範的，事實也是如此。但是，尖峰時間叫不到車、塞車還是必然的，動輒一、二小時的車程總是令我心煩意亂。尤其是東西橫跨黃浦江的晚餐聚會，至少要提前一個半小時出發，才能確保不會遲到太久。

直到2009年，我開始在北京長住，經歷了「首堵」之都的考驗後，終於練就搭車如同打坐般氣定神閒的功夫。這兩年，堵車已成爲北京的日常生活；下班後同事的晚餐聚會，也大都盡量約在辦公樓附近、或是地鐵可達之處。

但北京地鐵下班時段的擁擠場面，就如同跨年煙火散場時的台北捷運一樣，非一般外來人能適應。何況北京地方大，地鐵站不夠密集，出了地鐵站，距離目的地動輒近一、二公里，更是常有的情況。尤其是冬天，在雪地上行走一、二公里，對南方遊客絕對是不可能的任務。

我在北京的日子，隨身攜帶地圖，先規劃出行路線，交叉搭配運用出租車和地鐵，提前二小時出門，已是日常功課了。歷經上海、北京「地大車堵出行難」的鍛鍊後，如今我每次回到台北，出門無論是搭公車、地鐵或計程車，再無堵車的感覺了。

上海的國際化很直接

此外，三城的發展歷史的不同，也醞釀出不同的城市風格。

上海是三城中最國際化的都會。任何人置身在浦東陸家嘴的金融區，放眼盡是國際500強企業的高樓大廈，很難不把它和紐約相比較。上海的白領，無論是在外資或國企上班，也不論是中國人、港台或外國人，大都有英文名字。即使是最需要向本土口味妥協的外國餐飲業，也能堅持原汁原味。上海有家法國餐廳只優先提供法文菜單，一般由點菜員口頭翻譯、解說，除非是顧客要求，否則不會主動提供英文或中文菜單。我知道的一家德國藝廊，在上海多年，一直用德文的公司名字經營，只有少數人知道它的中文名字。多數外國人在上海，就是如此賓至如歸地生活；上海人對外來的洋玩意，也見怪不怪。

上海的國際化，是直接的、徹底的、毫不本地化的。有位台商在上海經營一家複合式高檔餐廳，他自豪地說，我的員工來自世界各地，紐約、莫斯科、香港、曼谷、倫敦……，本地人只占少數。這家餐廳的消費者和服務人員來自世界各地，最通用的語言是英語，但無論講英語、法語、日語、俄語、甚至泰語，都有服務員能溝通，即便是台語也能通。這家餐廳的消費也很紐約，埋單時看到帳單的人民幣金額會令人心驚，只有私自在心裡換算成美元的數字，才稍稍覺得釋懷些。

在地上海人是大陸各省最喜歡出國旅遊，聚會時也愛談論國外事物，他們樂於在生活中引進外國經驗。大陸正在努力要向國際接軌，當今上海絕對是大陸最國際化的

北京胡同是老外心中的中國想像。

北京的中國特色是根深柢固難以動搖。

上海浦西恒隆廣場戶外超大的LV公事包廣告裝飾。

城市，也最能接受國際化的標準。

北京自有其中國特色

北京則是國際注目的焦點城市，長安街上不時有插著各國國旗的車隊，在前導車引領下呼嘯而過。但是，北京的國際化是有「中國特色」的國際化，不同於上海的原汁原味。北京的外國人不少，外國使館、企業、餐廳也不少，但是仍然是很中國。

北京的外國人多半能講幾句中文，不少人有中文名字，甚至喜歡住在本地人聚集的胡同巷弄。北京酒吧的表演樂團用中國樂器演奏西方熱門音樂，外國歌手唱中國歌曲是常有的現象。可是這些外國的元素，就像沾在豬血糕表層的花生粉，未能眞正融合進北京城的骨子裡。

五星飯店大門前的交通動線，是典型的北京特色。飯店正門緊鄰大馬路的車道，平時用活動柵欄隔離，所有車子均須繞行到側門，再迴轉到飯店大廳正門。只有領導車子蒞臨時，才撤除柵欄空出直通正門的車道。不只是交通有中國特色，事無大小，幾乎任何事都有其獨有特色。套句老外在北京發牢騷時的慣用語：「TIC」（This is China）！因爲這是中國，北京是所謂的「帝都」，自有其中國特色的標準。

從對岸看見樂活的台北

台北沒有上海的國際化，也沒有北京的中國化。台北是怎樣的城市呢？某位常與我討論台灣電視政論節目的北京學者，首次來台旅遊，驚訝地發現「去政治化的台北」。他發現，台北人爲小吃排隊，搭捷運去泡湯，多數人生活淡定；反而，電視名嘴聲嘶力竭的控訴，似乎離一般人很遙遠。兩位偕伴來台北旅遊的上海白領，愛上台北茶館、咖啡館的閒淡氛圍，這是「向錢衝」的上海無法想像的生活。

開放大陸自由行後，爲接待來台的大陸友人，我在台北的時間越來越長，也越來越能感受到樂活的台北生活。或許台北的日常生活，太平常、太一般，不容易有感；上海的國際化，北京的中國化，反而凸顯了台北的生活化。最終台北人，要遠從對岸的上海、北京，才看見樂活的台北。

空間不是距離，時間留下回憶。我在三城間的移動，離家就是回家，回家就是歸人！何處是家？有人等待就是家。所以，最後也要提醒三城的朋友們，如果讀到這篇文章，下次替我接風時不要問我：「待多久？」當我離去時，你的一句「什麼時候回來？」就是最好的餞行。

思念的火車站

搭火車前往異地，有期待中的想像；搭火車返程回家，則有熟悉中的回味。下次出行，建議一定要設法安排一趟火車之旅。當置身火車站時，那種「起身出發」的氛圍，一定會帶給你一個充滿想像與回味的旅程。

火車站，是旅人遠行的起點，也是歸來的終點。旅人總是匆匆忙忙、來來去去，似乎多停留一分一秒都是多餘；但於我而言，在火車站的光陰雖然只是短暫駐足，卻匯聚了滿滿情感。

小時候父母在台北，我跟祖父母住在台中，祖母不時帶我坐火車往返台北和台中兩地。早年火車速度慢，停靠站數又多，每次坐火車總要利用停靠車站時買月台便當吃。童年就在坐火車、以及期待不同車站的月台便當中度過了。

正因爲我的火車站情緣起源於吃，至今仍難忘月台上叫賣便當的香味，因而不管有事沒事，常會三不五時藉故到台北火車站轉轉，僅僅是爲了排隊買老招牌的鐵路局便當，品嚐童年的懷舊滋味。

巴黎驚艷古老大鐘，引人翹首

我眞正喜歡上火車站本身，是第一次到巴黎的奧塞（d'Orsay）美術館。

那時，才一腳踏進展覽大廳，就被這座老火車站改造的美術館驚艷得不知如何形容，尤其高掛在頂層的古典大鐘，依舊如昔日般運轉，直到現今仍然吸引無數路人抬頭張望。從此我便深深地愛上了火車站，只要到陌生的城市，無論搭不搭火車，總忍不住設法抽空去參觀火車站，尤其是抬頭張望高掛的大鐘，令我樂此不疲。

愛上火車站後，連帶迷上火車站主題的畫作。當然，作為印象派的粉絲，我很自然地著迷莫內在巴黎畫的〈聖拉查車站〉系列畫作（The Gare St-Lazare，1877）。在莫內筆下，兩座噴著迷茫蒸氣的火車頭正在下客，另一輛正消失在遠端的橋下，這似曾相識的場景，不正是閩南語歌曲《車站》裡：「火車已經到車站，阮的心頭漸漸重；看人歡喜來接親人，阮是傷心來相送」的歌詞嗎？人來車站接人，等待思念的歸人；人來車站送人，送別不捨的牽掛。正是這種悲歡離合的情緒，帶出了火車站的人生故事。

離鄉背井的車站映象，強烈戲劇張力

我也喜歡英國畫家透納（Joseph Mallord William Turner）的《雨、蒸氣和速度：西部大鐵路》（Rain，Steam and Speed：The Great Western Railway，1844）：濃煙深處

1967年保護車站的約翰·貝傑曼(SIR John Betjeman)雕像仰著頭盯著車站的頂棚。

搭火車前往異地，有著期待中的想像；搭火車返程回家，有著熟悉中的回味。

St.Pancras車站挑高的透明屋頂，鋼構的延展曲線，逼著你不得不仰頭下腰，才能滿足仰望搜索屋頂的慾望。

穿出的一列火車，沿著高架橋直奔向畫面前的觀眾，火車頭鍋爐噴出的橘紅色蒸氣如同朦朧的霞霧餘輝，大自然與人工科技的震撼對比營造出強烈的戲劇張力，朝人迎面撲來。

剛從台灣中南部鄉鎮到台北的年輕人對這種感覺應不陌生，因爲在這幅畫裡，令人不禁聯想起閩南語歌手林強《向前走》的激昂歌聲：「台北台北，台北車站到啦，欲下車的旅客，請趕緊下車；頭前是現代的台北車頭，我的理想和希望攏在這⋯⋯喔～再會吧！喔～啥物攏不驚；喔～再會吧，喔～向前走！」鄉鎮青年離鄉背井、奔向都會打拚，所面臨的社會衝突和生活困境，正是火車站前熟悉的畫面。

這等情景，同樣也出現在中國攝影家張博鈞去年於上海「全攝影」畫廊舉辦的《我們》系列攝影展中。張博鈞從北京火車站的天橋，由上向下拍攝，捕捉群眾東張西望、尋尋覓覓的迷茫身影，凸顯出異鄉人在大都會漂浮、急躁地要抓住一絲機會的渴望。

擠翻天的春運人潮，前胸貼後背

此外，火車站的建築也是城市發展的指標象徵。台灣是封閉的島嶼，火車載客量不多，車站規模也相對較小。幾年前陪同父母在大陸旅行，一行十幾人首次走進上海火車站南站，置身在挑高47公尺的圓頂下，仰望直徑超過200公尺的巨大圓形鋼骨結構，那股傲人的磅礡氣勢，震得我們不得不承認上海的的確確是國際級的大都會。

大陸一線城市火車站所展示的經濟實力，令人讚嘆；車站永遠擠滿人潮的場面，也令人嘆爲觀止。大陸每年農曆春節的春運，是地球上最大的人口移動。我只在電視螢幕上看過，未曾實際經驗。有次從南京搭高鐵到上海，恰逢五一長假的前一天，我體會了一次人山人海的火車之行。

那次抵達車站時，車站四周已擠滿了人群，遠看如同台灣群眾抗議的遊行聚會。當我好不容易擠進候車室，抬頭看了列車出發的時刻板，卻難以置信地發現，在卅多分鐘裡，竟然有十班列車要在同一月台進出站。在我還來不及有絲毫遲疑時，工作人員一手拿著大聲公、一手揮舞著手勢，高亢地吆喝：「往裡走！見縫插針！往裡走，見～縫～插～針～！」

在「見縫插針」的聲浪中，我如同隨波逐流的一片落葉，非自主地隨著人潮擠進車廂中，幾乎半個身子懸空地立在前胸貼後背的人群中。抵達上海站，我又像水庫開閘洩洪的一條小魚，被沖出了火車站收票口，直到離開火車站，我都不確定搭的火車是否爲預定的班次。

爾後，每每看到電視新聞報導農曆春運大陸火車站的人潮，總有「我群」（註）的認同感。當然，對於電影《人在囧途》主角徐錚和王寶強擠春運火車的那場戲，更是別有身歷其境的感覺。

搭上武漢夜唱列車，一路嗨到站

搭乘擁擠的火車，雖然火車在鐵軌上快速移動，但車廂中的乘客卻寸步難行。那種短暫禁錮在狹窄空間內的情境，偶爾也會營造出人與人之間特別親近的氛圍，如幾年前的一次擠火車之旅，就特別令我難忘。

彼時我跟一群好友組團前往武當山旅遊，搭上從武漢開往十堰的晚班火車。這是一列每站都停的慢車，每次靠站，上下車的人數都相當可觀。車廂內擠滿乘客、堆滿行李，孩子的嬉戲哭鬧聲也沒停過。我們拖著行李穿梭在各車廂間，尋覓可容身之處，最後在餐車落了腳，點餐消費，換取座位。

一行二十多人，我們幾乎填滿了整座餐車，有如私人包廂。團員懷著登武當山旅遊的亢奮情緒，豪氣地點了白酒和未曾嘗過的地方熱炒、小吃，再掏出隨身的瓜子、花生，很自然地展開一場計畫之外的酒攤。大夥酒興一來，歌興大發，先獨唱、到合唱；不久後，連同車的當地乘客也加入同樂；接著，餐車服務員也按捺不住加入；最後兩岸對唱起來，直到火車到站仍不捨分別。這是一次難忘的火車之旅。

九又四分之三月台，往霍格華茲

我最迷戀的火車站，則在倫敦。那是去年四月一個下雨的午後，我跑進國王十字（King's Cross）車站避雨。無意間撞進了《哈利波特》電影中「九又四分之三月台」的場景。在那兒，排隊等候拍照留念的粉絲拉開了好長一條人龍，讓人在剎那間跌進魔幻的想像空間。而倫敦開往愛丁堡的火車，也正是從King's Cross車站的第九或十月台出發。同年八月，我去參觀愛丁堡國際藝術節，就特別坐火車去，並且提前到車站，在九又四分之三月台的電影場景拍張穿越的照片，懷著哈利波特魔法的想像，奔馳到愛丁堡的藝術氛圍中。

國王十字車站另一端緊連著聖潘克拉斯（St.Pancras）車站。這座1868年完工的車站，因爲擁有兩座維多利亞時代的著名建築，而被俗稱爲「鐵路大教堂」。它擁有74公尺寬的單跨拱頂（這是當時最大的拱頂）、挑高的透明屋頂與鋼構的延展曲線，逼著人不得不仰頭下腰，才能滿足仰望屋頂的慾望。歐洲之星（Eurostar）的高鐵列車正是從此站穿過英吉利海峽，前往歐陸的巴黎、布魯塞爾等城市。

在車站上層的南端，有一座9公尺高、20噸重的銅像，名爲「會面之地」（The Meeting Place）。這銅像的主題是一對相擁的男女，底座刻著各種送往迎來場面，表面上彷彿喚醒了旅人的浪漫，不過張大雙眼，即可窺見相擁的女士正騰出一隻手、偷偷地查閱手機簡訊呢！還眞是反應既浪漫、又現實的眞實人生。不遠處，還另有一座約翰•貝傑曼（SIR John Betjeman）雕像，雕像中的他仰著頭，充滿希望地盯著車站的頂棚。這座2007年起用的雕像，是紀念他在1967年保護車站的行動。

車站酒吧撫慰遠行情緒

站在聖潘克拉斯車站的正對面，很難不受那座華麗高聳的歌德式建築所吸引。這是2011年開幕的文藝復興倫敦聖潘克拉斯酒店（ST. PANCRAS RENAISSANCE HOTEL），這間酒店的前身是1873年開幕的米德蘭大酒店（Midland Grand Hotel，1873-1935），主體已超過140年歲月，飯店室內的每一處細節，都宛如在維多利亞女王時代開業時那般耀眼，其中最不能錯過的，是它的酒吧——Booking Office Bar。

這可不是一般的酒吧，不只調酒水準在倫敦頗受好評，更是有專業DJ駐站的夜店，每周四、五、六晚上，live music會一直持續到凌晨三點。等車時在此喝杯小酒，不只消磨時間，多少也撫慰搭車遠行者情緒的波動或不安。若不是DJ頭頂上高掛的時鐘一再提醒，我眞忘了身在倫敦最忙碌的聖潘克拉斯火車站。

車站是送往迎來的地方，有送行者離別的哀愁，也有接風者重逢的喜悅。搭火車前往異地，有期待中的想像；搭火車返程回家，則有熟悉中的回味。下次出行，我建議你一定要設法安排一次火車之旅。當置身火車站時，那種「起身出發」的氛圍，一定會帶給你一趟充滿想像與回味的旅程。

註：

「我群」（we-group）為社會學與心理學的學術詞彙，又稱為「內群體」（in-group），指一種同為一夥、有同樣目標與歸屬感的群體認同意識。

啓程與抵達之間

將故鄉土產送給他鄉友人，或許不只是對友人的心意，更多的是旅人對家鄉不捨的牽掛。歸程購買的伴手禮，除了想和親友分享異鄉的經驗，內心真正想要的是攜回旅途的美好眷戀。

火車站、機場，是旅人啓程的開始，也是抵達的終點。無論是離去，或是歸來，少不了可說的故事。

大陸火車站的規劃設計，絕對是「高大上」。初次到大陸的台胞，大都目不暇給，讚聲連連。相對地，經濟發展走在前面的台灣，讓陸客多少有些想像的憧憬。不過，首次親臨台北火車站的陸客，大都難以置信台灣的首都車站，竟然如同大陸三線城市。

雖然台灣火車站的硬體，上不了檯面；不過，台北火車站二樓的「食尚共和國」，匯集40多家美食，同場競爭，倒是內行陸客的最愛。尤其四家不同風味的牛肉麵店（最多曾有八家），同場競技，不同的麵條、湯汁、牛肉和烹飪手法，東酸西辣、南甜北鹹，任君挑選，再叼嘴的老饕，都能口服。其次，台北火車站的排隊美食，從傳統的鐵路便當到時尚的起司蛋糕，更是天天大排長龍，隊列中常有南腔北調的境外遊客。

車站，美味的代名詞

車站是遠行的起點，也是歸來的終點。等待中，食物最能消磨時間，可口美食更能撫慰情緒的波動或不安。

日本火車十分發達，家人都喜歡。尤其父親更是日本高鐵新幹線的元老粉絲，對各種列車的機型、車廂、路線和繁雜的火車票券，如數家珍。2015年，父親還專程從東京搭火車前往北海道，只爲了嘗鮮搭乘新幹線新開通的北海道線。這些年，我們家人搭過五花八門的各種日本火車，從雙層豪華艙到觀星天窗列車，甚至搭乘了姪女心儀的Hello Kitty列車。

雖然家人大都是日本火車粉絲，但吸引我的不是火車，而是火車站的便當。品嚐日本各地火車站便當，是吸引我旅遊日本搭火車的主要動機。日本人對食材的執著，算得上是超級龜毛，不只堅持當地、強調四季節令、更突出視覺享受，每每感動到我，忍不住買下不可能吃得下的超額份數。我往往提前至少一小時，前往火車站，巡視火車站一攤一攤的便當，就算吃不下、買不了，光是視覺上的盤點，也算滿足我搭日本火車的眞正樂趣了。

大陸火車站，大都人潮洶湧，氛圍緊張，充滿出發的激情、或回家的激動。不過，無論多麼嘈雜，大聲吆喝的報童，總能吸引我的注意。雖然，看報已不再是重要的新聞來源，我仍然有不自覺地買報紙的習慣。尤其在候車室，我總是主動尋覓叫賣的報童，隨手挑幾份報紙，隨興翻閱。我不期盼能看到什麼新聞，只是要從火車站報童的吆喝聲中，抓住即將消失的記憶。

德國的火車站，不論城鄉大小，書店幾乎是醒目地出現在必經的位置。那裡的書店大都空間寬闊，書的主題類型包羅萬象，不只銷售報刊及休閒類書，甚至不乏嚴肅的著作。德國火車站的書店可以找到只有大學社區才有的思想性、學術性巨著，火車站書店陳列的書種，讓人深刻體認到德國公民的讀書風氣和文化素養。

航站情緣，觸景傷感

2015年10月初，我從德國慕尼黑搭火車，前往奧地利的薩爾斯堡。因大量湧入

歸途中，我習慣性購買當地特產，想和親友分享旅途經驗的心情，但內心裡更多的是想要攜回旅途的美好眷戀（東京羽田機場）。

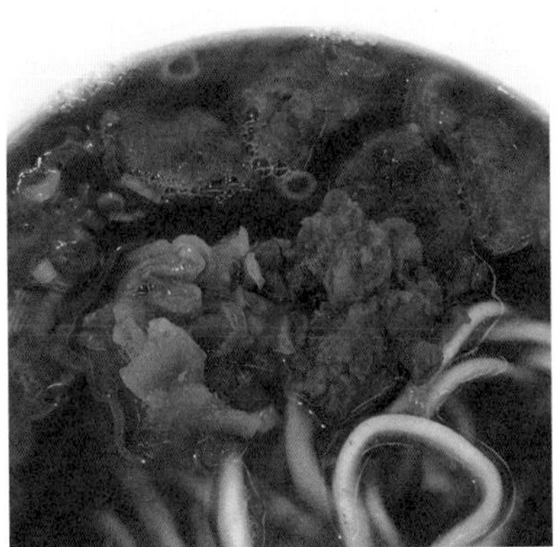

登機前，吃一碗熱騰騰的牛肉麵，在舌尖上留著熟悉的味道遠行，心裡更踏實些。

火車站是旅人啓程的開始，也是抵達的終點。無論是離去，或是歸來，少不了可說的故事。

的敘利亞和伊拉克難民，兩國邊境的火車路線關閉了，火車被迫停在德國邊境的小車站。乘客一下車，立即被守在月台的警察有序地分成不同的列隊，難民被引導到特定地點，等待進一步安排。

兩天後，我搭火車到維也納，投宿在火車站邊的旅館，每天出門都要穿過火車站，也必然要經過安頓難民的臨時收容處。每當面對一張張無助的臉龐，我總不自覺地低下頭快步走開，害怕直視周遭徬徨的眼神。那時候，我眞正感受到無力的沮喪。

有天早上，我穿過十字路口，拐向火車站方向，迎面走來一位中年男子，旁側緊挨著一大一小兩個男孩，大約是十歲和五歲左右。他們的穿著，一眼就能看出是難民。當我們四目猛然接觸的剎那，他似乎要張口說話，卻欲言又止。我隨即拉開背包拉鏈翻找錢包，就在那時候，眼睛的餘光看到他似乎有些不自在，甚至手足無措。緊接著，他伸手拉扯著較小的男孩，反身走離去。我愣了一下，趕上兩步路，把錢塞在較大孩子手掌中。他看了看我，回身快步跑向男子和小男孩離去的方向。

我望著三人離去的背影，腦海中不自覺地浮現了1989年台灣老兵滯留香港啓德機場的畫面。那時，台灣剛開放老兵回大陸探親，兩岸政策模糊，法令規定不明確。部份回鄉老兵延遲返台，導致機票過期，甚至往返兩岸證件超過有效期限，陷入兩岸都回不去的困境，被迫滯留在中轉航站的香港啓德機場。那段日子，我經常過境香港轉機，那些束手無策的眼神，迄今難忘。2004年，好萊塢明星湯姆漢克斯（Thomas Hanks）主演的電影「航站情緣」（The Terminal）上映，我坐在銀幕前，腦海中不時疊映出滯留啓德機場的無奈臉龐。

舌尖上留著熟悉的味道遠行

中轉航站，是前往目的地中途必經之地。兩岸直航前，香港正是往返兩岸必經的中轉站。那些年，我頻繁地在香港下機、再登機，不時在前往登機口途中，撞見正要前往大陸或返回台灣的熟人，有時還能巧遇多年不見的友人。航站中匆匆擦身而過的巧遇，雖然只是三言兩語的問候，甚至只是會心一笑，多少都有著他鄉遇故知的欣慰。

我有位常常往返香港和上海的友人，執著要搭某家航空公司航班，只爲了機上餐點會提供一小盒哈根達斯冰淇淋。爲此，我不時在友人聚會時調侃他。

不過，最近我不再提他的冰淇淋情結了。自從某家航空公司的貴賓室提供現煮牛肉麵以來，我開始有了搭機的牛肉麵情結，爲了在登機前的那碗牛肉麵，我堅持優先選擇這家航空公司的航班，不再考量時間適切與否。我甚至刻意提前半小時到機場，只爲了行前再吃碗牛肉麵。如果問我牛肉麵是否特別好吃？我說不上來，也許只是遠行前，想要品嚐熟悉的味道吧。

雖然今天的旅途，不再如往昔艱困，不至於有「西出陽關無故人」的淒涼，不過離家遠行，多少有些難捨的情緒。在即將離去之際，一碗熱騰騰的牛肉麵，或許舌尖上留著熟悉的味道遠行，心理更踏實些。

最近一次歐洲行，我放棄其他航空公司的直飛航班，不在乎耗時轉機的不便，只爲出發前，再品嚐一碗台灣牛肉麵。不過，從國外回台的航班，貴賓候機室不再有牛肉麵，甚至沒有台灣人熟悉的熱湯。那時，歸心似箭的情緒就更濃了。

攜回伴手禮，分享異鄉經驗

登機前買伴手禮，是消磨等候時間，也是旅人思念、牽掛的情感寄託。

2014年暑假，計畫到紐約三個月，臨行前在機場選購伴手禮，原本只想爲常居紐約友人帶些台灣土產吃食，不料兩手提了四大袋上機。最終，除送給紐約友人、還分送友人的友人、和一些初見者，卻還剩餘大半，而且是我平日喜愛的太陽餅、牛軋糖。

將故鄉土產送給他鄉友人，或許不只是對友人的心意，更多的是旅人對家鄉不捨的牽掛。旅人帶給異鄉友人家鄉土產，似是要分享割捨不下的鄉情。歸途中，我習慣性購買當地特產，想和親友分享旅途經驗的心情，但內心裡更多的是想要攜回旅途的美好眷戀。

2013年，在歐洲趴趴走，迷戀上了風味豐富的橄欖油和香料，回程時帶了大半箱各地橄欖油和香料，除了四處分送兩岸親友，至今廚房仍然存貨不少。

2015年7月，我從紐奧良搭達美航空飛抵紐約的拉瓜迪亞（La Guardia）機場，一踏出空橋的門，覺察到不尋常的靜，缺少登機口那股熟悉的喧鬧。候機室人不少，但絕大多數人低頭，忙著網遊。因爲候機大廳的休息區、餐廳、咖啡吧、酒吧提供了免費上網的iPad。等待登機的旅客忙著收發郵件、上臉書、查詢目的地資訊，沉醉在網路世界，一幅天涯若比鄰的寫照。

目前，有些航空公司的商務艙、頭等艙已安裝了平板電腦和WiFi，提供高空上網的服務。不久，踏上旅途，無論遠行或是歸來，只要滑動指尖，網路世界的天涯比鄰，將如影隨形。

Part 2

移動途中

每當接近預定的旅館時，總有著近鄉情怯的忐忑不安；既期待，又怕受傷害。人在途中，身不由己。畢竟，在「離開家的家」，好好睡住一晚，是旅人永遠的期盼。

人在途中，身不由己

計畫趕不上變化，旅途中就算安排規劃得再仔細，難免遇上無法掌控的意外！人在途中，身不由己，隨遇而安是旅人必須的心態。

看了大陸電影《人在冏途》，總以爲是電影情節的喜劇效果。可是，現實生活中，我的友人卻眞實地經過一段美國版的「人在冏途」。

友人一家三口，計畫了一趟加勒比海的郵輪之旅。行程安排在2月分，除了農曆假期的時間因素外，更重要的原因是冬季船票便宜，7天的陽台外艙房，兩大一小的三人行程，全部只要4000多美元。

「人在問途」實境秀，真實上演

郵輪預計下午15：00在紐約碼頭啓航。友人一家三口提前一天到紐約，順道計畫了二天一夜的當地自由行程，登船當天早上還在曼哈頓的景點趴趴走，最後還登上帝國大廈，眺望紐約一番。然後，回酒店提了行李，搭計程車在14：30及時抵達碼頭，郵輪仍停在碼頭邊。一家三口興高彩烈地衝向登船閘門，不料已過了辦理登船的最後時間13：00，海關人員堅持不讓上船，友人雖然軟硬兼施地爭論，仍然眼睜睜地看著船離去。

一家三人只好搭計程車趕到機場，另購機票飛往郵輪的下一個停靠站邁阿密，不只多花了紐約到邁阿密的機票錢，還被船公司罰三人共900美金的延誤行程費用。結果三人總共花了8000多美元的費用。更令人沮喪的是，冬季的天候不佳，除了停靠巴拿馬四小時外，全程都在船艙待著，期盼中的陽光普照和藍天白雲，固然沒有看到，行前特別準備的泳衣、草帽和太陽眼鏡等行頭，也沒有出場亮相的機會。事後，友人自我調侃地說，花錢體驗了一次「人在囧途」，也算不虛此行了。

1989年秋，我們一行十多人前往大陸訪問，其中一站預計從西安搭晚上19：00火車到南京。依當時的規定，晚上出發班次，必須在早上托運行李，因此特別安排專人提前到車站托運。

當日，白天行程緊湊，大夥興高彩烈遊覽西安城，不料前往火車站途中，遇到交通堵塞，趕到車站時，接待人員已氣急敗壞地等在進口處。他舉著引導旗子，帶著我們一行人，連奔帶跑地穿過數個月台，衝向即將發動的火車。當最後一位團員及時跳上火車的剎那，火車也同時起動開出站台。那時一群人擠在車廂門口，尚未找到座位坐下來鬆口氣，突然聽見西安地陪的聲音從月台傳來，大聲喊叫：「你們的行李沒趕上托運時間，無法隨車托運！無法——托運——！」。但見他奮力地追趕正急速離去的火車，手中還抓著一疊票劵，不停地嘶喊著：「火車上的餐劵——也在我這裡！餐

人在途中，身不由己，隨遇而安是旅人必須的心態。

行前準備泳衣、草帽和太陽眼鏡，期盼有個陽光普照的藍天白雲的郵輪之旅。

券——在——我這裡——！餐券——」就在地陪的聲音漸漸變小、身形漸漸消失下，火車上我們一行人心情頓時沉重起來。在那個不是人人有手機的年代，眾人在忐忑不安中，焦慮地坐了20多小時的火車前往南京。

意外的餘興節目，火車綜藝秀

另有一次，赴意大利旅遊，旅行社爲全團團員配備了無線通訊設備和耳機，以便領隊和導遊在途中爲景點解說。其中一段火車行程，因爲延誤劃位時間，座位不只是安排得零零落落，約廿人的旅行團，更是分散在三、四個不同車廂，眾人抱怨連連。不料，領隊臨機應變，竟然站在連接車廂的中間過道，用無線通訊設備，清點分散不同車廂的團員人數，沿途更適時導覽風景，甚至不時插科打諢，講些旅行笑話。約三小時的火車行程，就像是參加現場綜藝節目。

我們戴著耳機聚神聆聽，偶而會心露出笑容，甚至爆出笑聲。鄰側的外國旅客好奇地觀察我們，忍不住詢問我們在聽什麼精彩的電台節目？

多年前，到福州參加大陸省級電視台聯誼會活動，同時安排了武夷山參訪風土民情。事隔多年，武夷山的一切早已淡忘；不過，從福州坐大巴士上武夷山的過程，至今歷歷在目。

早年，大陸幾乎人人菸不離手，女士抽菸者相對較少，但從事電視業的女文青，倒也不遑多讓，老菸槍不在少數。一輛載滿約40人的巴士，幾乎人人吞雲吐霧，而且是一根接一根，整個車廂煙霧瀰漫，如同機場的吸菸室。

我坐在靠窗位置，打開窗戶，臉朝著窗外，恨不得鼻子長高些，能伸出車廂外，多呼吸些車廂外的新鮮空氣。車上的菸客來自大陸各省，抽的菸琳瑯滿目，有不同省分的不同品牌。不同品牌香菸的口味、價格和品質，很自然地成爲車上閒聊的話題，整趟巴士行程，如同大陸菸廠交流會。雖然，我不是菸客，但從此對五花八門的大陸

延誤登船時間，眼睜睜地看著船離去。

首航儀式熱熱鬧鬧地進行了舞獅和雜耍活動。

菸，也算是見多識廣。

延誤的航班，失落的行李

多年前，從福州搭機往香港，恰遇颱風。我一大早趕到福州機場，所有航班都取消，候機室滿滿的滯留乘客。航班資訊一早亮出「延誤」字幕後，就再也沒有絲毫反應。當時手機不普遍，資訊不明朗，人人急躁打聽航班狀況。可是，現場的電子屏幕毫無動靜，偶爾有廣播安撫乘客耐心等待，或宣布發放盒飯、礦泉水等供乘客充飢解渴。但是廣播只有普通話播音，現場的外國乘客，絕大多數不懂中文，著急地四處詢問，焦慮地跟著人群，爭先恐後地領取食物。

航空公司既不告知航班狀況，也不宣布停飛，各種航班變動狀況的小道消息，到處流傳；不懂中文的外國乘客，不安的心情全顯露在臉上。就在眾人精疲力盡之際，突然有群人急速衝向遠處的登機口，有位旅行團的領隊，大聲催促他的團員登機，我連忙隨著人潮擠上了飛機。

飛機起飛後，就在空服員廣播本航班將前往香港時，機艙突然一陣騷動，原來慌亂之際，有幾位乘客搭錯了機。我雖平安抵達香港，但很不幸，行李未隨機抵達，也不知上了哪個航班？飛到哪個城市了？兩天後，航空公司通知行李已到香港機場，我依計畫當天離開香港，因此到機場領回行李，未曾開箱，就直接辦理登機回臺灣了！

首航儀式，權充臨時演員

2013年，我從巴塞隆納搭機飛維也納，在網路上訂了一家大航空公司的航班，票價大約只有其他航班的半價。當天到達登機口時，現場張燈結彩，布置成小型雞尾酒會，接近登機時間時，突然湧現成群結隊的新聞媒體，原來是該家航空公司的首航航班。

首航儀式除了相關大人物致詞外，還有舞獅和雜耍，熱熱鬧鬧地進行了一個半小時。等到登機時，我驚訝地發現，整班班機幾乎全是專程參加首航儀式的來賓或媒體記者，難怪他們對延誤起飛毫不在意，像我這種單純只爲搭機的少數乘客，事實上如同搭便機的散客。原本大約2小時行程，結果卻延誤了2小時。不過，航空公司特別贈送了首航紀念品，所有乘客也都分享了慶賀蛋糕。我們這些不知情的乘客，算是客串了一場慶典戲的臨時演員了。

我每回出行，爲避免延誤行程，事前總是精心安排交通工具；然而，一旦步上行程，原定計畫趕不上變化是常有的事。人在途中，身不由己；隨遇而安，是旅人必須的心態。

借問路：迷失在陌生城市

我在毫無心理準備下，被世界各地湧入的天主教信徒，推擠到梵蒂岡廣場上，參與教宗的復活節祝福。非教徒的我，置身於宗教活動現場，猶如在球場上站錯隊的球迷，手足無措。

找路是旅人的日常生活。迷路更是免不了，也是旅途的必然考驗。

看地圖是旅人尋路最常用的方法。然而，各城市的地形地貌大有不同，城市規劃、歷史發展也有差異。

有的城市依據嚴謹的藍圖規劃，格局方正，道路筆直，如北京長安大街、紐約曼哈頓中心地區，像是工整的圍棋盤；但也有城市並非在計畫下形成，亂無章法，如上海浦西的舊租借區，曲折的道路，像是打結的麻花。

最令我頭痛的是老羅馬市區的街道巷弄，錯綜複雜，外來者很難辨清方向。尤其羅馬市區的地圖，更令人難以置信，即便只容一人側身通過的窄小防火巷，也一一註明。地圖上的道路巷弄，細密如微血管，相隔數條街道的地方，乍看地圖似乎是有些距離，然而實際上卻近在咫尺，就在一、二十公尺內。對於不懂義大利文的旅人，太過細小瑣碎的地圖，反而是一種困擾。

此外，不同語言、文字及街道命名規則的差異，也經常讓找路的旅人困惑。

早年初次到香港，街道名稱就使我困擾不已，如「窩打老道」，令人納悶其名究竟有何神秘背景，後來才知道是以廣東話音譯英文，窩打老道即「Waterloo Street」。其他還有：奶路臣街（Nelson St.）、雲咸街（Wyndham St.）、德忌利士街（Douglas St.）、士他令道（Stirling Rd.）、棗梨雅道（Julia Avenue）等。

另外，「上亞厘畢道」是民間對香港特首住所所在街道的稱呼，即英文「Upper

Albert Road」的音譯。其實「亞厘畢」是英文名字Albert的音譯，而Albert正是英國維多利亞女王夫婿艾伯特王夫的大名。一旦了解原由後，不只更容易辨識方向，也增進不少對香港與英國文化融合的認識。

大城市裡，「不遠」也不近

台灣地方小，大陸地方廣，人對空間的距離感，差異甚大。多年前。初次到上海，詢問路人目的地，順著當地人「不遠，往前走就到了」的指示，我一路邊走邊問，在經過數次的「不遠，往前走」後，終於抵達目的地。所謂的「不遠」，大約有兩公里多路程，我走了30多分鐘。

北京地方更大，北京人口中所謂不遠，至少是兩、三公里以上的路程。台灣遊客到北京千萬要記得，路雖「不遠」，但距離不近，最好還是搭車。

北京是座皇城，城市規劃方正，照說不難辨識方向。然而，北京胡同的名稱，對外地人猶如火星文，如：耳朵眼胡同、椅子圈胡同、香餌胡同等。此外，北京人還習慣用東南西北方向、城門和橋作爲地標來指路，對於不習慣用方向尋找目的地的台灣人，是很大的困擾。

我經常收到北京友人如下形式的指路簡訊：「出門搭車，向西到xx門，調頭向南走，過了三環，向西沿著xx路，直奔xx橋，從橋東向南直走100米，西北方的胡同下車，向北走50米，再向西20米即到達xxx。如果有問題，短信給出租車師傅看，就可以了。」如同打麻將牌，東南西北，全部到齊，眞是懷疑究竟有多少外地人弄得清楚？

有趣的是，我每回半信半疑將此種形式的簡訊提示給出租車師傅，十之八九會得到肯定的回覆，順利送我抵達目的地。我想，或許北京人天生腦子裡就裝有指南針或是GPS定位系統。

北京的方向感，在上海失靈

不過，北京人特有的方向感優勢，到了上海，可就完全失靈了。

有位北京友人初次到上海出差，我約好晚餐地點，也提前告知地址（例如：在永嘉路xxx號/近襄陽路）。結果預計出租車15分鐘以內的車程，我等了半個小時，未見友人抵達，打通電話一問，才知他正在高架橋上繞圈子。原來，友人帶著地圖，依照在北京的習慣指揮出租車師傅，向東、西、南或北的方向走；然而，上海老租借區的街道，大都不是方正的方位，多半歪曲傾斜，加上單行道以及盤根交錯的高架道路甚多，很難依方位到達目的地。

遭受我質疑的上海出租車師傅，否認是刻意繞遠路，一再強調依乘客指示的方向開車，至於路的遠近，不是他的責任。北京人靈敏的方向感，到了上海顯然派不上用場。

慕尼黑啤酒節現場，身穿傳統服飾的德國人，高舉巨大啤酒杯、狂歡高歌，外來遊客很難完全融入。

不同城市的語言、文字及表達方式的差異，經常令旅人困惑。

老羅馬市區的街道巷弄，錯綜複雜，外來者很難辨清方向。

Google地圖、APP是當前最流行的尋路工具，智慧型手機的GPS（衛星定位系統），更是目前旅人最便捷的找路工具。旅人出行前，只要預先將飯店、景點、餐廳或車站、機場的地圖，下載在手機上，就算無法上網，或是當地語文不靈光，也能輕易找到目的地。

不過，GPS定位也有不靈的時候。前些年，我曾在巴黎依賴GPS尋找一家民宿，結果在方圓50公尺範圍內，繞了一個多小時。老城的巷弄，或長或短，曲折彎拐，GPS的指示幾乎是在原地繞圈子。

我最慘的一次GPS經驗，發生在蘇格蘭愛丁堡。2013年夏天，愛丁堡同時舉行三大國際藝術活動，我專程前往朝聖。來自世界各地的藝術粉絲，擠爆了愛丁堡。當地飯店一房難求，我們一行四人，至少要兩間房，更是難上加難。

最後，很幸運地在網路上預訂到一間老城區的兩房公寓。住房當天，我依賴下載的地圖，企圖用GPS尋找目的地，不料，又在方圓100公尺內的巷弄繞圈子打轉，一行四人拖著沉重行李，整整一個半小時都到不了目的地。最後，還是打了通電話找到租房仲介經理，在其引導下才找到隱於巷弄中的公寓。

事後仔細檢討，原來愛丁堡是一座山城，實際上有高度的差距，很多平行或是交叉的街道巷弄無法直接相通，必須繞道向上或向下走，才能接到不同高度的道路，再加上老城巷弄的曲折、街道名稱編號的繁雜，一不小心就如同迷失在迷宮中。

路，不只在嘴上

我的祖父常說：「路，就在嘴上」。的確，向當地人打聽前往目的地的方向，是最直接、有效的方法。

有回在日本鄉下旅遊，雨下得大，視線不良，錯過了路標，在山裡迷了路，繞了一個多小時，走不出林子。幸好碰到當地的小夥子，熱心地引領我，在山路上東轉西拐，才得以走出林子。他一直送我到叉路口，指明目的地的建築物，才放心離去。

但是，我最難忘懷的問路經驗，卻不是動口問到的。

2013年在羅馬，我迷失在十字路口，拿著地圖東張西望。一位遛狗的義大利老人，站在我旁邊等紅燈轉變爲綠燈，直視著翻找地圖的我，幾次似乎欲言又止。當綠燈一亮，他遛的狗立即往對街跑，他一邊拉扯著狗頸上的套繩，一邊小跑步過街，但還是轉頭望著我，我也抬頭看看他，作了一個無奈的表情。他向前走了幾步路，又轉身回頭，再次穿過街道，走回我身邊。他一開口，我才明白他不會英語，這也正是他先前遲疑是否對迷路遊客伸出援手的原因。不過，此時無聲勝有聲，在肢體動作搭配表情的溝通下，我順利找到目的地。

置身異地，更看清楚故鄉

旅人的迷失，不只是地理位置，有時還有心理的層面，這是一種對異地人文的疏離，尤其在當地傳統節慶的現場，特別容易感受到「非我族類」的反差。任何人置身於國外節慶的氛圍中，很自然地會引燃起參與的熱情；然而，無形的文化隔閡，卻也同時將你我隔離在外。

2015年秋末，我在慕尼黑啤酒節現場，周遭擠滿身穿傳統服飾的德國人，人人高舉巨大啤酒杯、狂歡高歌。相對地，外地遊客不只從服飾上，有明顯區別，情緒上也相對冷靜，沒有放縱、融入的參與感。

回想多年前，我引領一位美國記者，到台東參加「炮炸寒單爺」的民俗活動。他對此一活動的狂熱氣氛，甚爲亢奮，不過無論我如何解釋，他都無法了解活動的意義。他那迷惑、冷靜的表情，對比現場台灣人的全心投入，令我難忘。

旅人親臨其境，卻同時置身事外；對照周遭節慶氣氛，斯時斯境，思鄉之情，不禁油然而生。

2013年春，我赴羅馬旅遊，原本計畫去參觀梵蒂岡博物館，不料當天恰逢復活節休館。我在毫無心理準備下，被世界各地湧入的天主教信徒推擠到廣場上，參與教宗的復活節祝福。非教徒的我，置身於宗教活動現場，猶如在球場上站錯隊的球迷，手足無措。

不過，天主教信徒虔誠的表情和激動的情緒，卻令我聯想到台灣的媽祖繞境進香活動。異地文化吸引旅人踏上旅途，然而，旅人在異地，卻更能看清楚自己的故鄉。

飯店是我離開家的家

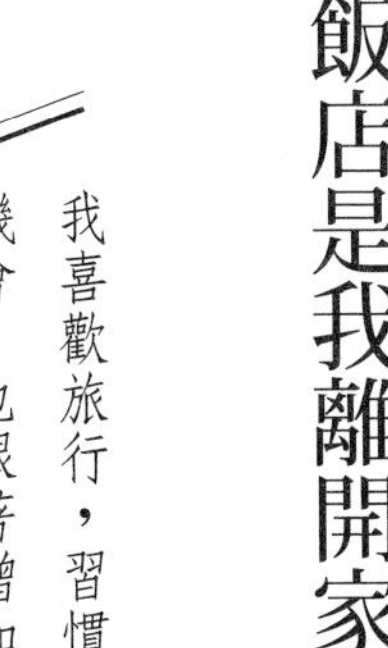

我喜歡旅行，習慣四處為家。隨著旅遊行程的增加，投宿陌生城市飯店的機會，也跟著增加。但每當接近預定的旅館，我總有著近鄉情怯的忐忑不安……。

四處爲家，是旅人最基本的生活習慣。離家，睡不好覺，甚至戀床、戀枕頭、戀棉被、戀被單……，甚至戀上房間床頭方位的人，是享受不到旅行的樂趣。

我喜歡旅行，習慣四處爲家。自小，就喜歡住飯店，喜歡飯店標準配備的純棉白色寢具，喜歡躺在彈性十足的大床上——飯店可說是我「離開家的家」。所以，我

我在紐約迷上居家作菜風潮，研發不少個人偏食的混搭料理。

採用本地食材在家烹飪是紐約當紅的時尚

廚具完備的出租公寓是滿足旅途作菜的最佳選擇

喜歡台北亞都飯店替房客準備的臨時私人名片，除了印上房客姓名外，還特別註明了「我在台北的家」。離開台北，最喜歡的城市是倫敦、紐約和上海。年輕時，每年寒、暑假，我如候鳥般，輪流移居在倫敦和紐約。很自然地，兩地常住的飯店，成了我離開台北的家。

常住酒店關門，有如老家拆遷的不捨

早年，倫敦曾是我最喜歡的城市。1980年代，在倫敦的查令十字（Charling Cross）火車站緊鄰巷弄Villers Street的Royal Adelphi Hotel，住了好些年的寒、暑假。飯店很小，設備簡陋，價格便宜，早餐只有咖啡、一塊麵包和奶油、果醬，簡單到令我胃口全無。但是，位居倫敦文藝核心區，地點超級好，步行可到國家美術館、國家歌劇院、西區劇院、皇家藝術學院等。我喜歡在周六晚上，看完音樂劇後，先在戲院附近享受一餐散場夜宵，在午夜十二點後，漫步走回飯店，順道在巷口花一英磅買一份隔晨的周日版泰晤士報。捧著那通常厚達近200頁的報紙回家，躺在浴缸裏泡澡，翻看每周泰晤士報著名的文藝評論，當然必讀的還有我最愛的美食美酒版。可惜，這家飯店前些年已關門了，讓我有著老家被拆遷的不捨。不久前，在網路上，看到早年房客懷念這家飯店的文章，我竟然有著戀戀的鄉愁。

自1994年，朱利安尼（Rudy Giuliani）當上紐約市長，大肆整頓治安，紐約成爲宜居城市後，也成爲另一個我喜愛的城市。我最喜歡的飯店是中央公園東南門的The Plaza Hotel，也正是電影「小鬼當家」的紐約場景。我曾兩度住在這家飯店，第一次的房間窗戶正對著中央公園門口，坐在窗前可眺望候客馬車，及廣場上街頭藝人的演出。可是，喜歡歸喜歡，高昂的房價只適合短暫體驗，不適合長住。我曾長住的紐約飯店，是附近55街第七大道的Wellington Hotel，地點佳、價格合理，其他就不奢求了。當然，一樣是可以步行去看戲，享受散場夜宵，走路回旅館，順道買一份周日版的紐約時報，躺在澡缸裏，享受周末的午夜。

去年暑假，我在紐約華爾街的出租公寓，住了近三個月，迷上了紐約正流行的居家作菜風潮。我很享受採買新鮮食材、動手作菜的樂趣，去年在紐約的日子，似乎比在台北更有居家的感覺。

初到台胞體驗上海的「丁香」味

大陸開放後，我有段時間每月往返上海，在上海也有一家常住的酒店公寓。酒店位於靜安區，房間格局方正，一室一廳，廚具配備完整。剛到上海時，人生地不熟，最煩惱的是吃喝問題。既然住處廚具完備，動手烹飪自己習慣的口味，也就順理成章了，我就是在那段時間，逐漸養成在酒店公寓作菜的習慣。那段日子，每回從台北飛上海時，箱子裝滿各種食品、調味料、茶及酒，不只滿足自己口腹之慾，也供台商友人解饞。我甚至在飯店儲藏室，寄存一個裝滿米、調味料等食品的大箱子，也放置習飲的紅酒和葡萄酒杯。

上海這家公寓同樣地點絕佳，步行五分鐘，可到華山路的著名景點丁香花園，這裡原是李鴻章之子李經邁的私邸。雖然坊間盛傳丁香花園是李鴻章爲他的九姨太（另有四姨太一說）丁香所建，但這一說法並未獲證實。我常安排初到上海的友人遊覽丁香花園，每當提及所謂九姨太丁香的坊間傳說，在場者無不聚神聆聽。花園內二號樓的申粵軒酒家，在上海頗有名氣，中午到此用餐，預訂一張靠窗有景的桌子，主客隨興點評清末民初的上海風雲人物，是多數初來上海台胞喜歡的上海體驗。

華山路丁香花園一帶，很適合一個人散步。兩旁的巷弄原有些老公房，居民將它們改成個體戶小飯館，供應典型的上海家常菜，很受原籍上海台胞的喜愛。其中一家以野生小黃魚著名，黃魚煨麵和干煎小黃魚，都是我的最愛。不過，爲了2012年上海世博會，這些老公房的小飯館全都動遷，現址已是一幢幢的高樓大廈。每次經過此地，總要多望一眼，回想當年的家常小黃魚，齒頰彷彿依然留香。

當然，離家要找到家一樣的感覺，絕非易事。尤其是初來乍到一個陌生城市，住宿並非每次都能順心如意，甚至不時有出乎意料的場面。

紐約第一夜猶如通霄嘉年華

年輕時，我和在美國讀博士的弟弟偕伴，首度到紐約旅行。恰值暑假旺季，紐約曼哈頓旅館一晚200、300美元起跳，當年一美元換算新台幣40元，以我當年收入，實在承擔不起。幸好有位南斯拉夫籍的博士後研究員推介，我們順利訂了紐約曼哈頓的YMCA，一個單人房只要20美元。

抵達紐約當晚，已是晚上十一點多，機場大門口，擠滿招攬乘客的租賃車司機。因是回頭車，且夜已深，我們以約半價的35美元，搭了一輛Limousin加長型黑色豪華大禮車，直奔曼哈頓市中心。對人生第一次的紐約行，我內心充滿期待。

當黑色大禮車停在一幢漆黑陳舊的大樓前，正面大門已關，只有側面小門還開著，前面站著一位穿制服的高大保安，正一一檢查進入者的住房鑰匙、證件。司機懷疑地再三確認我們沒弄錯地址，才放心開車離去。其實，更驚訝的是門口的保安，狐疑地看著兩個步出大禮車的年輕人，眼神似乎在說：你們來錯了地方！

我們辦理住房手續時，另外付了20美元押金，兩間房的鑰匙和浴巾各10美元。

我打開房門一看，長條型的空間有一張窄小單人床，勉強容許瘦小東方人筆直躺平；一張小書桌，上方的牆壁掛了一台14吋的黑白電視機，還用一把大鎖鎖在鐵架上。那年夏天紐約高溫攝氏41度，房內沒有冷氣或電風扇，雖然有面大窗正面臨著大街，但整夜都是警車、救護車的警笛聲。房門外的走道，不時有成群結隊的夜歸人，甚至呼朋引伴開通宵party的敲門聲。我人生的紐約第一夜，如同投宿在通宵的嘉年華會。

旅館公用的浴室，很像台灣早年的軍隊營房沐浴房，全面開放的大通間沒有任何隔間，大約有十幾枝水管從頭頂的牆面伸出來，一扭開下端水龍頭，水柱由上流下，直接而自然，如同置身野外溪流沖澡。

唯一有冷氣的大廳，無時無刻都擠滿了人，他們都是衝著冷氣，在此滯留不去。大廳人聲沸騰，有如周末的市集，人種、膚髮顏色繽紛，萬國語言紛雜，十分國際化。接連幾天晚上，我回到住宿處時都買罐冰凍可樂，坐在大廳直到夜深天涼才回房休息。剛開始單純爲了吹冷氣，但接著就是爲了看人，這裡的國際化氛圍，比紐約的時代廣場（Time Square）更加精彩。

訂房網千奇百怪的住房評語

前年，依計畫從倫敦搭高鐵「歐洲之星」（Eurostar），穿過英吉利海峽前往巴黎。因搭的是早班車，前一晚特別在網站上訂了歐洲之星發車的國王十字街．聖潘克拉斯（King's Cross St. Pancras）火車站旁的旅館，一晚110英磅，不附早餐，相較於附近至少150英磅以上的B&B民宿，價錢也算親民。

不過，當我下了計程車站，在旅館的人行道前，望著如同是學生公寓的大門，熟悉且不祥的感覺油然而生。辦妥住房手續之後，我拖著沉重大行李，七彎八拐、跌跌撞撞地打開那間位於地下室房間的房門時，當場傻眼。多年前，紐約「好窄」的場景，再度重現，現場情況，實在是筆墨難以形容。

日後，我在訂房網站上查閱住客對這家旅館的評價。其中一位美國房客留下如此的評語：「185公分的我，必須模仿NBA的中峰球員，彎著背才能避免頂天立地，而那扇窄小氣窗正好在我雙眼平行直視的位置。當我站在衛浴間，幾乎動彈不得，只能將蓮蓬頭拿到浴室外面沖澡。勉強坐上馬桶時，我的雙腳必須伸出衛浴間外。」從此，我喜愛上查看訂房網站的房客評價，不只可供訂房參考，更能分享千奇百怪的住房經驗，也算是旅途中打發時間的另類消遣。

睡在售樓處樣品屋

早年，上海飯店供應量不足，每逢大型會議召開，市區飯店往往一房難求。有一次幸得台商友人協助，訂了一間所謂正在試營運的酒店公寓，地點位於市中心的靜安區，一室一廳連廚房的套間，一晚只要價380人民幣。對方約好在飯店所在小區內的大廳見面。我抵達時，一位有著菩薩般圓滾滾臉的中年人，自稱租房部經理，已笑容滿面地等著。他手上抓著一大串鑰匙，直接帶我坐電梯到預定房間的樓層，走過未開燈的長長走廊，打開房門，室內家具齊備，裝潢精緻，窗檯上有隻花瓶，插上裝飾的塑膠花，餐桌上甚至擺有蠟燭檯。當晚，我外出用餐回來時，才恍然發現，小區內有七、八幢大樓，估計至少七、八百戶，但亮燈的房間不超過十戶，我住的樓層似乎只有我那間有人住。

隔天一早，八點鐘左右，打掃的阿姨就來了。我在慌亂中起床，睡眼惺忪地呆坐在沙發上，等待清掃後，再回去賴床補眠。不料，打掃阿姨剛走，不到五分鐘，門鈴又響了，打開房門，租房經理那張眉開眼笑的臉，又出現眼前，側後方還緊隨著一男一女。雖然睡眠不足、滿肚子氣，可是面對著那張笑臉，我實在發不出脾氣。他簡單地介紹那對似乎是夫妻的香港人，就直接引領他們走進房間，一邊親切問候我睡得好不好？早餐吃了沒？還體貼地告訴我，小區外面的早餐店，有多麼受歡迎，提醒我千萬別錯過。更令我驚訝的是，他開始在房間內導覽起來，介紹房間的大小、格局、廚具設備、小區的健身房、游泳池及管理費等。這位租房、或許也是售房經理的口才，的確令人刮目相看，不只是看房的香港夫妻頻頻點頭，我也不禁插嘴詢問上海售房有關訊息。當然，不用我說，大家也明白，我昨晚是睡在售樓處的樣品屋。

近年，旅遊次數、天數增多，投宿陌生城市的次數也增加了。每當接近預定的旅館時，總有著近鄉情怯的忐忑不安；既期待，又怕受傷害。畢竟，在「離開家的家」，好好睡住一晚，是旅人永遠的期盼。

漂流在歷史舞台的遊船

行船在三國歷史舞台的長江三峽，令人大有「春風不改舊時波」、物是人非的傷感。那夜我輾轉難眠，夢中盡是三國，尤其是火燒赤壁，那場長江流域著名的歷史戰役，這是一次意猶未盡的三峽行。

旅行的交通工具中，我最喜歡的是船，尤其是那種住在船上、連續幾天幾夜的遊船。我很享受那種每天在船艙中醒來，張開眼就是一個新天地的感覺，有一種漂流的浪漫。

我的第一次遊船經驗，是年輕時陪同家人遊覽埃及尼羅河。遊船沿著尼羅河行進，每到古城遺跡即靠岸，由船上導遊帶領遊客上岸遊覽。在導遊口若懸河的介紹下，尼羅河文明的歷史彷彿在眼前重現。船上還特別放映了《尼羅河謀殺案》和《埃及艷后》兩部老電影來應景。

在尼羅河的遊船上，重看這兩部老電影，另有一番情趣。前者爲謀殺案電影，懸疑劇情增添了尼羅河神秘的氛圍；後者，已逝的伊麗莎白泰勒飾演的艷后和理查波頓扮演的安東尼，描繪了英雄美女的帝國興衰，有著「浪淘盡，千古風流人物」的感慨。那時，也不知爲何，我腦海中一再浮現的是歷史課本上的長江，想像著「輕舟已過萬重山」的三峽景致。

初遊三峽，陌生的熟悉

尼羅河之行後，有很長的一段時間，我總盼望著來一趟三峽之遊。但直到多年後，海峽兩岸開放交流，我才有機會一圓長江三峽遊的心願。

1999年，在大陸友人精心規劃下，我搭上「公主號」，這是一艘當年只接待境外遊客的遊船。船上除了我們一行三人外，其他全是來自歐美的遊客。船上的正式語言是英語，所有行程安排、食宿、解說及活動，全都以外國人的需求來安排。

那眞是一趟奇妙的文化旅遊經驗。我置身在一堆老外遊客中，聽著中國導遊用英語介紹長江景點、講述中國歷史和文化，有著一種陌生的熟悉感。尤其是上岸遊覽景點時，叫賣紀念品小販濃濃地方口音的普通話，更讓我有「笑問客從何處來」的感慨。

船上也安排了許多中式文化活動，如清晨打太極拳、甲板上放風箏、傳授毛筆書法等。晚會上也特別安排川劇變臉的表演，在川劇演員魔幻般的技藝下，關公、張飛、曹操、孔明……等三國人物的臉譜依序展現。主持人用英語拼音一一介紹臉譜的角色，不時夾雜著歐美遊客的掌聲和bravo的叫好聲。彼時，行船在三國歷史舞台的三峽，大有「春風不改舊時波」，物是人非的傷感。那夜我輾轉難眠，夢中盡是三國，

三峽遊船由宜昌登船，在重慶上岸，逆流而上的行程，計五天四夜。

神農溪縴夫在江河邊腳蹬石壁手扒沙，拉扯縴繩引船逆流而上。

每天在船艙中醒來，張開眼就是一個新的地方，有著一種漂流的浪漫。

尤其是火燒赤壁，那場長江流域著名的歷史戰役。

這次三峽遊船初體驗，傍晚從武漢登船，逆江而上，航行六天五夜，直到重慶登岸。那時三峽工程正如火如荼的進行，大壩尚未完工蓄水，水位較淺，兩岸重山峻嶺、懸崖絕壁，高拔陡峭的千米以上山巒，雕塑出「抬頭不見天」的特殊景觀。尤其是神農溪的縴夫在江河邊，腳蹬石壁手扒沙，拉扯縴繩引船逆流而上，負重喊出的聲聲號子，高亢而蒼涼，迴盪在山谷間久久不止。那般情景，彷彿深山的日子一直凍結在古老的歲月中。這是一次意猶未盡的三峽行。

二遊三峽，煮酒論英雄

第二年的暑假，我呼朋引伴，召集了一個八人團隊，重登「公主號」，二度遊三峽。

這次，我靠著舊地重遊的經驗，不僅從台灣出發時即備妥各種零嘴，登船前還特別前往當地超市，大肆採購地方風味吃食。一行人抱著煮酒論英雄的歷史情懷，將劍南春、五糧液、瀘州老窖和郎酒等當地白酒，打包了一整箱搬上船。

二度的「公主號」三峽遊，我們仍是船上僅有講中文的遊客，雖然只是八位成員的小團體，但稀少爲貴，已足夠在占絕對多數的歐美旅行團體中占有一席之地。

我們一群人特別引起老外注目，不時有人前來交流西方人心目中「神秘」的中國心得。在老外追根究柢的好奇追問下，我幾番詞窮，講不清沿江歷史糾結的三國傳說。

有位老外對歷史情有獨鍾，手捧英譯本三國，三番兩次從古希臘特洛伊戰爭（即所謂的「木馬屠城記」）的英雄事蹟，引經據典地對照三國各路英雄，熱情地和我討論他獨特的東西方英雄比較觀。雖然我看過木馬屠城的小說、電影，但說實話，用美女海倫和特洛伊戰爭來對比三國的呂布和貂蟬，還眞令我我張口結舌、無言以對。不過，這次的談話也讓我埋下要重讀三國的心願，至於特洛伊戰爭和三國演義的英雄比較研究，我就大方地貢獻出來，留給研究歷史或文學的有心人作爲博士論文的撰寫題材了。

旅程結束前一晚的離別晚會，照例由來自各地的遊客提供表演節目。由於老外不藏拙的相對開放心態，不少表演者捨棄擅長的本國才藝，刻意選擇中國功夫、中英雙語講初學的中國笑話等。尤其是有位老外手執小抄（正確地說，是張開一大張很明顯的大抄），一本正經地唸「四十四隻石獅子」繞口令，洋腔洋調，笑翻了整船的遊客。船上的中國服務員尤其亢奮，叫好聲不絕，現場如同趙本山在表演二人轉。同行有位友人更是發下宏願，回家要苦練英語脫口秀，以便日後在老外的主場揚眉吐氣。

這次的三峽遊，我有了一次從西方人觀點，重新審視中國文化的體驗，開拓了一個不同的新視野。

數遊三峽，笑看古今

2011年，我陪同父母三度登船遊三峽。此次自認是熟門熟路，事前籌備尤其詳盡。不只準備了家人習慣飲用的凍頂烏龍茶和全套茶具，素日偏愛的肉乾、瓜子、開心果、海苔片等零嘴也一一備齊。

此回，登船處已改在宜昌，但依然在重慶上岸，逆流而上的行程則縮短爲五天四夜。這時三峽大壩已完工運作，水位也上升了許多，有人認爲大壩完工後三峽景致不再，然而初遊三峽的父母卻絲毫不受影響，對夾岸秀麗險峻的山川，仍是讚嘆連連。

尤其船上時間悠閒得有些漫長，家人得以從早到晚相聚、甚至天天圍坐煮茶談心，更是難得的家人聚會。四年後的2015年農曆春假圍爐，母親還回味地說，希望全家再來一次三峽遊船之旅。

我最近的一次三峽之行是在2012年，參加一項在三峽遊船舉辦的影像工作者活動。由於已是第四次舊地重遊，我對兩岸的景點不再有當年的好奇嚮往，眾人上岸遊覽景點時，我選擇留在船上看書，臥遊獨樂。我歷經多次三峽遊，在遊船上重讀羅貫中的《三國演義》，別有一番情趣。另外，我也在iPad上觀看「易中天品三國」節目，以平民角度論述三國天下大事，點評英雄成敗，對應當今局勢、人物，另有一番體會。

如果你也計畫來趟三峽遊船之行，又不想有太多的歷史負擔。我推薦你帶兩部影片上遊船。一部是2010年大陸製播的《三國》電視劇，長達95集的劇情，不只可消磨船上慢悠悠的時光，更增添遊三峽的情趣；另一部不容錯過的則是吳宇森導演的電影《赤壁》，林志玲飾演的小喬和張豐毅扮演的曹操，一場煮茶改變赤壁戰局的對手戲，在三峽遊船上觀看，不但耐人尋味，也正好對應了人生如戲、戲裡人生。究竟歷史真相如何？不必太認真，真真假假，只要能增加遊興即好。

Part 3

移動空間

公園，是城市居民和自己對話的園地。

每到一個陌生城市，只要行程許可，我都會設法騰出時間到當地公園走走，甚至停留半天。因爲置身公園，可以感受到當地人內心深處的呢喃。

讀懂一座城市

尋常市民的生活，正是城市居民集體共識的生活形態，反映了城市的腔調、態度、個性、精神和情緒，也形成各自的「城市氣質」。這股魅力迫使旅人一再舊地重遊，甚至讓人離鄉背井、移居長住。

不同的人，建構了不同的城市；不同的城市，養育了不同的人。人有氣質，城市也有氣質。人的氣質，決定了個人的人緣；城市的氣質，影響了城市的人氣。

旅人，初到陌生的城市，匆促地走馬看花，甚至是道聽途說，難免流於膚淺，甚至誤解。大陸作家易中天的《讀城記》，在一開始「城市與人」引言中，就將孟庭葦的歌「冬季到台北來看雨」，誤成「夏季」到台北來看雨（第二頁第十五行）。唯有在台北長期生活的人，才能領悟台北冬季綿綿細雨的纏綿。反之，台北夏季的西北雨，往往來得急驟，雨滴大而急促，恐怕不適合「看」到情趣哦。

旅人初來乍到一個陌生城市，往往從自己的經驗，形成城市的第一印象。但是，外地人的第一次接觸，也正因為陌生的反差，更能感受到相對的區別，反而凸顯了城市的獨特性。這種刻板印象是很直接的反應，不一定精準，但往往很形象，也令人難忘。

大陸城市順口溜，異趣橫生

大家耳熟能詳的大陸城市順口溜，正是典型的例子：「不到北京不知道自己官小，不到上海不知道自己鄉巴佬，不到廣州不知道自己車不好，不到深圳不知道自己錢少，不到東北不知道自己膽小，不到重慶不知道自己結婚早，不到海南不知道自己身體不好。」

當然，台灣開放大陸客來台旅遊後，又加上了：「不到台灣不知道自己生活不好。」台灣的小確幸，的確令大陸客羨慕！

然而，初次接觸的印象，不免和實際狀況有所落差。大陸不同作家對台北就有著不同的定位：台北是「最陌生的城市」（新周刊）、「最說不清的城市」（徐學）和「最多樣的城市」（易中天）。部份未曾來過台灣的大陸人，受到電視螢幕上國會爭執和名嘴吵鬧的影響，不免認爲台灣是一個亂糟糟的不平靜社會。然而，一位來台的大陸媒體人，在數度訪台後，卻得出如下結論：「台灣媒體很吵鬧，台灣社會很和諧；大陸媒體很和諧，大陸社會很吵鬧。」

這種淺嘗即止的定調，往往主導了外地人的城市印象。另一則大陸城市順口溜也是例證：「重慶滿街是美女，深圳滿街撿鈔票，廈門隨時可泡茶，廣州什麼都能吃。東北吵架先動手再動口，上海只動口不動手。」

北京較勁上海，大氣對上洋氣

此外，不同城市的生活方式，也孕育了不同城市人的性格。大陸各城市給予外地人也有不同形象：東北人好鬥，北京人好辯，上海人好省，成都人好閒，武漢人好爽。

再者，大陸南北兩大城市北京和上海，長久的相互較勁，更形成彼此嘲諷的城市印象。北京人自認大氣，嘲諷上海人小氣；上海人自認洋氣，看不起北京人土氣；上海人精緻小巧的小資生活，北京人不屑，譏諷是辦家家酒；反之，北京人瀟灑又隨便地找樂子，上海人也不認同，視爲是窮開心。

網路上還有一則大老婆對抗小三的段子，多年來流傳不斷。這則段子描繪大陸不同地方女性發現老公在外面有小三的不同反應，這則「老婆徹夜未眠」，發揮各地方特色，分別採取法律（北京）、醜聞（山東）、暴力（東北）、自虐（山西）、報復

公共雕塑反映城市對重要政治社會經濟等的價值觀，與街道的行道樹、休憩椅、街燈和垃圾桶等街道家具，反映了市民的生活美學。

北京清華大學校園有著典型北方城市簡單大氣的風格

南京秦淮河畔散發著江南水鄉的妖嬈風姿

怡然自得的淡水吸引許多慕名的陸客。

台北永康街隱藏著台北人小確幸的生活情趣。

（湖南）、懷柔（四川）、算計（上海）、或灑脫（廣東）等不同手段，以維護大老婆權益。然而畢竟是段子，不免誇張戲謔，但也十分形象，多少凸顯了各地風土人情的對比差異。

我自認是一個城市移動者，頻頻在城市間移動，很自然地形成個人觀察城市的固定習慣，如果認眞一點地說，或許也算是個人觀察城市的方法吧。

居民日常生活，彰顯城市氣質

我觀察城市，看的是城市的生活，也就是城市居民日常的食、衣、住、行和娛樂。因爲尋常市民的生活，正是城市居民集體共識的生活形態，反映了城市的腔調、態度、個性、精神和情緒。綜合上述的生活現狀，也形成每座城市各自的「城市氣質」。

民以「食」爲天，城市市民的吃，絕對是排名第一的日常元素，可算是最常見的一種「城市腔調」。便利店、超市、傳統市場和假日市集的貨源、種類和價格，呈現了城市的經濟結構與市場興衰；大眾對食物的態度、餐飲的習慣、場所及儀式，在在都是市民的尋常生活方式。如北京人在胡同巷弄擺桌吃喝、上海超市進口食品充斥、廣州酒樓廿四小時不打烊、廈門隨處可見茶館、重慶火鍋換人添料但不換鍋底等等，這些不同的飲食文化，展現了不同的生活方式，也描繪了市民的特有腔調。

人要「衣」裝，佛要金裝。當地人的穿著，是當下的生活品味，也反映了市民的「城市態度」。初到陌生城市，我最喜歡上街看人，因爲街上是市民生活的舞台，上街的穿著打扮，正是內在氣質的外露——上街看當地女人穿著，可看出城市內斂性格外顯的一面。例如上海冬季溼冷，上海女人卻著短褲、絲襪和長靴，輕裝上街；相對於包裹厚重羽絨衣的北方遊客，上海女人細緻巧思的生活態度，表露無遺。反之，夏季有火爐之稱的武漢，室內悶熱有如蒸籠，武漢男人往往將涼蓆竹床擺在戶外的公園、江邊、人行道，不分老少赤膊短褲，睡滿整座武漢城，充分展現武漢敢愛敢恨、直白不做作的城市態度。

上海人人是外國控，北京老外都是中國控

「住」是市民安身之地，城市規劃和建築形式，更是構成城市視覺景觀的主體，是「城市個性」的表現。走進城市的廣場、公園等公共開放空間，可接近市民的平常生活。公共紀念碑反映城市對重要政治社會經濟等的價值觀；而街道的行道樹、休憩椅、街燈和垃圾桶等街道家具，則反映了市民的生活美學。另外，商店招牌和街道路標使用多國文字，則是多文化融合的跡象。又如上海新四里弄的居民宅，雖然年久失修，顯得殘敗頹廢，然而，依舊可以從褪色的「洋氣」建築中，觀察到十里洋場曾經的輝煌；北京胡同雖然陳舊，卻令人憐惜。這些可貴的不僅是年代久遠，還有曾經有

過的人與事。

觀察市民的「行」，可以衡量城市的社會流動性，了解當地的「城市精神」。城市馬路是行人優先或是汽車霸道橫行，對照了城市的人本價值；而設有自行車專屬的便捷車道，則表現了市民的樂活；老人、幼兒、殘障人士出行的方便，則反映了城市對弱勢族群的同理關懷；而婦女上街的自由開放，則是社會對性別平等的視野。另外，出租車、地鐵、公車的供應量、車款、價格，不只表徵城市的經濟狀況，更是評估城市公共服務及市民生活水準的指標。

「娛樂」是城市最外顯的行爲，最容易感受到「城市情緒」。酒吧、咖啡廳、戲院、劇場、街頭藝術，都是城市情緒的表露。譬如上海酒吧樂隊，多半是洋人洋歌，本地樂手只出現在觀光飯店彈古箏、拉二胡；北京酒吧則處處是本土樂團，甚至有老外頭戴瓜皮帽、用中國樂器玩搖滾。因而有俗話說：「上海人人是外國控，北京老外都是中國控。」

尋找臭氣相投的城市氣質

一般人通常從影視、音樂、報刊、出版和道聽途說，形成對某座城市的話印象；可是，唯有親臨現場，親身體驗城市居民的食、衣、住、行和娛樂，才能覺察到城市居民生活的腔調、態度、個性、精神和情緒，眞正感受一座城市的魅力。

令人嚮往的城市，通常有著獨特的「城市氣質」，一種令你感到臭氣相投的「城市氣質」。有的城市甚至吸引人一再舊地重遊，甚至迫使旅人忍不住要移居長住。這股拉扯著讓人離鄉背井的魅力，正是由當地人的生活型態醞釀出來的「城市氣質」。

此生一定要去的城市

旅人，天生有著不安分的衝動，休息只是為了再出發。這種再出發的心情，往往拉扯著我那顆驛動的心，燃燒造訪一座座城市的激情……

電影《一路玩到掛》（The Bucket list《人生清單》，2007），由摩根・費里曼和傑克・尼克遜飾演的兩位主角，在癌症末期時，決定死前要實踐他們的人生夢想。兩位老人開始環遊世界，攀爬金字塔、駕競賽跑車、高空跳傘、長城上騎機車，甚至刺青。

同樣地，我也有自己的人生清單。不同的是，我在年輕時就有了人生清單，而且列出來一看，根本就是一份旅遊清單。年輕時的我，對於旅遊到陌生城市，有著熱烈的渴望，雖然當時人生經驗，輕薄淺短，年少輕狂的想像，卻沒少過。

年輕時的旅遊清單

我年輕時的旅遊清單是這樣的：

1. 體驗奧黛麗赫本的羅馬（電影《羅馬假期》的浪漫影像）
2. 漫步梧桐落葉的老上海租界區（來自遷台上海家庭轉述的上海回憶）
3. 投宿布拉格的巴黎飯店（作家筆下奢華飯店的圖像）
4. 雨天撐傘遊杭州西湖（《白蛇傳》的纏綿傳說）
5. 穿梭莫扎特的薩爾斯堡老城街（莫扎特音樂弦律的召喚）
6. 品嚐唐魯孫筆下的北京美食（作家回憶家鄉味的口腹慾望）
7. 站在北京故宮太和殿（感受天下莫非王土的帝王氣勢）

8. 數一數北京蘆溝橋的石獅子（來自小學課本描寫數不清石獅子的好奇心）

9. 坐火車橫渡西伯利亞（電影《齊瓦哥醫生》展現廣濶天地的影像）

10. 參加威尼斯嘉年華會面具節（嘗試妖嬈鬼魅的狂歡節慶）

11. 參加愛丁堡藝術節（嚮往每年八月同時展開三場重量級的國際藝術活動）

12. 穿著傳統服飾參加日本紫園祭（留學日本友人的熱血推介）

13. 全天待在巴黎的杜塞美術館（印象派畫迷必去的殿堂）

14. 遊船三峽尋找歷史景點（印證稗官野史的傳說）

15. 尋找翡冷翠般的佛羅倫斯（因爲徐志摩詩作〈翡冷翠的一夜〉的翡冷翠三個字，不只象形字體顯現出寶石般光澤，唸出聲，聽起來，更有著纏綿的音律。）

16. 逛逛紐約第五大道的蒂凡尼珠寶店（奧黛麗赫本主演的《蒂凡尼早餐》的場景）

17. 倫敦西區劇場看一個月的戲（報刊小說電影對倫敦西區的描繪）
18. 蘇州寒山寺敲鐘（唐朝詩人張繼〈楓橋夜泊〉的意境：月落烏啼霜滿天，江楓漁火對愁眠，姑蘇城外寒山寺，夜半鐘聲到客船。）
19. 品嚐日本小樽的手握壽司（日本漫畫《將太的壽司》的美味）
20. 攀爬埃及金字塔（歷史課本的金字塔圖片的召喚）

上述這份旅遊清單，最早完成的是參加日本紫園祭慶典活動。我生平的第一次出國去了日本，從南部的福岡一路北上到東京，兩個月跑了半個日本。很欣慰的是，在東京友人專程帶領下，參加紫園祭慶典活動，圓了夢想的旅遊項目。

羅馬或許不夠浪漫，但絕對是美味非常

接下來，歐美城市的目標，也依循計畫，逐一達成。大陸方面的目標，則直到

1980年代末，兩岸開放交流後，才得以如願。不過，年輕時訂下的人生必去的地方，多半起因於距離產生的美感，或是一種陌生感催生的迷戀。因此，一旦親臨體驗，不只體會到讀萬卷書的誤差，更深刻感受到百聞的確不如一見。

羅馬排在我旅遊清單的首位，理由全因是《羅馬假期》（1953年）這部黑白電影。當年，看了奧黛麗赫本主演的電影，認定羅馬是全世界最浪漫的城市。尤其是浪漫的許願池，更是嚮往。

當我首次到羅馬，目睹許願池，卻當場傻眼。電影中浪漫的許願池，竟然巨大如同大型游泳池，而且是夏天人滿爲患的公共游泳池，嘈雜得如同清晨的果菜批發市場。

另一處期待的電影場景，是男主角目送公主走進下榻羅馬的皇宮。這個場景在巴貝里尼宮（Palazzo Barberini），原是羅馬十七世紀巴貝里尼貴族所有，現在是國立古代藝術館（Galleria Nazionale d'Arte Antica）的一部分，裡面展示十二至十八世紀的繪

愛丁堡鼓號喧騰的「軍樂節」
（Edinburgh Military Tattoo）

彎曲的河穿過莫扎特出生的薩爾斯堡

電影中浪漫的許願池，像是夏天人滿為患的公共游泳池，嘈雜得如同清晨的果菜批發市場。

早餐後，在巴黎飯店各樓層的走廊漫步，是一段很特別的藝術時光。

踩著巴黎飯店大理石樓梯向上爬，欣賞每一樓層走廊的細膩裝潢和藝術品。

倫敦西區劇場看一個月的戲，是年輕時的夢想目標。

畫等藝術品，包括拉斐爾（Roffaello）、卡拉瓦喬（Caravaggio）的作品。

皇宮正門前的鄰側是一家四星酒店。我特別預訂了這家酒店，只爲了更接近電影的浪漫氛圍。但是，電影場景畢竟不現實，這幢年代古老的建築物，室內不僅談不上豪華，星級酒店基本的舒適也缺乏。不只每間客房房型不一，面積、設施更因空間不同而有所差異。每當有任一房間使用抽水馬桶時，水流過水管的聲音，整幢樓的房客都能感同身受。老爸對酒店的浴室設施，極度不滿，生了一晚悶氣。

不過，第二天在飯店附近的餐廳晚餐，老爸點了主廚推薦的紅酒，對上了他的口味，連連讚賞主廚的選酒品味，二人因酒結緣，惺惺相惜。主廚不時送上招待的私房菜，最後乾脆坐下來，大家共飲了一晚上的紅酒。接下來的幾天，這餐廳成了我們在羅馬的居酒屋，連著三晚到此吃喝，不只喝了義大利各產區的紅酒，更品嚐廚師居家的私房菜。這是我首次品嚐到眞正的義大利家常菜。從此，我的旅遊清單上，羅馬或許不夠浪漫，但絕對是美味非常。

繞道布拉格，爲了要住進巴黎飯店

提到吃，向來是我旅遊的重點目標。北京列在我的清單上的項目有三：北京美食、故宮太和殿和蘆溝橋。其中排第一的，正是吃。我第一次到北京，最興奮的就是，按文尋覓美食小吃。雖然唐魯孫介紹了不少北京吃食，不過受限北方食材單薄的先天缺憾，實難以征服台客的胃。可是，北京涮羊肉倒是從此列在我的美食清單上。早年，故宮遊客少，太和殿廣場如同拍戲清場時的地廣人稀，背著太和殿，站著向南看時，確有天下盡在腳下的霸氣；小學課本描寫的蘆溝橋石獅子，果然數也數不清，在夕陽西下之際前往，更添思古幽情。

布拉格是一座美麗的城市，但令我憧憬的是「巴黎飯店」。捷克作家Bohumil Hrabal（1914~1997）在其著作《我曾侍候過英國國王》（1971）中，將其描述爲布拉格最氣派豪華的飯店：「巴黎飯店如此地美麗，我幾乎不敢走近。這麼多的鏡子，拋光的黃銅欄杆，黃銅燭台，就像一個黃金宮殿。」作家敬佩仰慕的語氣，塑造了飯店雍容華貴的氣質。可惜，我第一次到布拉格，行程匆匆，未能一睹巴黎飯店的風采。2006年，捷克大導演Jiri Menzel依據Bohumil Hrabal的小說，拍攝的同名影片，在銀幕上更是展現得金壁輝煌，倍加令我嚮往。2013年，我到維也納旅遊，特別再繞到布拉格，只爲了要住進巴黎飯店，親身體驗作家和導演展現才華的現場。

1904年完工的巴黎飯店，是一幢新哥德式建築，歷經百年滄桑，業已陳舊，然而歲月的沉澱，更襯托出高雅的華麗。每個樓層的走廊，牆壁掛滿了畫作，轉角擺設著古老家具，仍然展現出昔日的輝煌。每天在一樓餐廳用完早餐，我踩著大理石樓梯向上爬，欣賞每一樓層走廊的細膩裝潢和藝術品。早餐後在各樓層的走廊漫步，是一段很特別的藝術時光。

東西文化交匯的上海風情

我的上海想像，則來自年少時，同學中遷台的上海家庭：穿著白衣黑褲的幫傭阿姨、打牌的上海媽媽、誘人的上海點心。年紀漸長後，各種直接、間接經驗的上海印象，接踵而來：和平飯店、梧桐落葉、花園洋房、本幫菜、老克拉的腔調。正是這種東西文化交匯的上海風情，催促著我首度到上海時，迫不急待地穿梭老法租借地，尋覓曾經上海的風華。

1990年代，初訪上海時，這個曾經的十里洋場，如同剛剛打開的塵封儲藏間，大街小巷，無處不令人驚艷。不過，李安導演的《色戒》，令我最有感的一場戲，就是影片開場不久，老洋房中四位太太打麻將，幫傭阿姨踩在木板樓梯的咚咚聲中，送上點心的影像，這不只是我年少的上海印象，也是我最珍惜的上海風情。迄今，我依然推薦來上海的台客，必須到老租界區逛逛，在花園洋房的餐廳吃頓本幫菜，才算眞正來了上海。

「我一定再回來」的旅遊清單

旅人造訪一個地方，有各種原因，文化、吃喝、購物、自然景觀、狂歡，甚至是爲了搭乘「東方快車」這種特別的交通工具，或是其他千奇百怪的個人原因。

我曾在「華爾街日報」旅遊版讀到，一些人對某個特定城市的憧憬和經驗。有位美國人說，他有生之年要去上海街道走一趟，因爲他渴望體驗他祖母在二戰時艱辛求生的城市。另一位表示，他三十歲時首度到東京，品嚐了只有七個座位的壽司吧，體會到壽司的極致表現，至今尚未有其他可相比較的經驗。

旅人，天生有著不安分的衝動，休息只是爲了再出發。這種再出發的心情，往往拉扯著我那顆驛動的心，燃燒造訪一座座城市的激情，雖然有些城市，滿懷期盼地去了第一次，卻也是僅有的一次，不再有再次造訪的欲望，但是，有些地方卻是一去再去，列在「我一定再回來」的旅遊清單。

穿梭城市的河

不同的城市流著不同的河，訴説不同的故事。我印象中的台北，曾是座水城；在我童年的記憶拼圖中，台北市有著穿梭的河道。直到今天，我對城市中的河，依然有著糾纏不清的繾綣情懷。

「我家門前有小河，門後有山坡。」這首小時候唱過無數次的童謠，所描繪的景致，一直是我心中理想的窩居。

我出生在台北市。小時候，新生南北路地面下曾是走水的防洪幹道，流水沿著道路，穿過市區。雖然防洪水道不是日常行船的河川，但是雨季時的滔滔流水，恰是一幅水城景象。

當你沿路順著水道走，水面上的漂浮物會不時吸引你的注意力，提醒你這是一個有生命力的城市。因此，在我童年的記憶拼圖中，台北市有著穿梭的河道；我回憶中的台北，曾是座水城。

直到今天，我依然對城市中的河，有著糾纏不清的繾綣。

黃埔江的船舶汽笛聲，間歇吟唱

正是兒時對「水城」的美好回憶，長大後依舊難以忘懷，旅遊時也就特別著迷於各地城市中的河景。不同的城市流著不同的河，訴說不同的故事。每座城、每條河，對於不同人，也都有獨特的水城故事。

對我來說，上海的黃浦江，像是義大利作曲家普契尼（Puccini）的歌劇《蝴蝶夫人》；布拉格伏爾塔瓦河上的查里橋，如同莫扎特的舞台；巴黎的塞納河，則是《印象》的畫作。

上海是我近年長居的城市之一。黃浦江更是我選擇長住上海的原因。當我第一次從上海浦東濱江的高樓上，眺望黃浦江的遼闊江景，來來往往的船舶，耳邊傳來間歇的汽笛聲，令人心醉。那時我腦海中浮現的是普契尼的歌劇《蝴蝶夫人》，那一場女主角秋秋桑，在山坡上唱出動人的詠嘆調「啊，多美好的一天」的場景。普契尼採用朗誦式的旋律，宣敘性的抒情曲調，細緻地刻畫了蝴蝶夫人內心深處對重獲幸福的嚮往。

就在那一個天空晴朗的日子，上海立即躍升爲我最喜愛的大陸城市的首位。

蝴蝶夫人詠嘆調，忘情飄盪

然而，經濟的發展，必然要重畫城市的面貌。曾幾何時，浦東的濱江區，一排排緊貼著江邊沿岸的鋼鐵大廈，硬生生地擋在原本我眺望江景的大樓前。距離我首次登高讚歎黃浦江景的七年後，我站在同一個位置上，眼前矗立的龐大建築物，如同《西遊記》中如來佛的「五指山」，我僅能從建築群的間隔縫隙中，窺視隔絕斷開的黃浦江。

此時此景，我腦海中顯現的依然還是《蝴蝶夫人》的場景，只是心境變得傷感了。那是第二幕即將結束時，盼望情人歸來的秋秋桑，在面朝大海的那扇紙門上，用手指捅了三個洞，一個給自己、一個給女侍，還有一個低低的，是給孩子的。

三人靜靜地向外張望，等待著歸人回來。侍女和孩子困倦地睡著了，只有秋秋桑彷彿雕像般佇在那兒。月亮照進來，把三人身影映在紙門上，不遠處傳來陣陣海濤聲。普契尼的紙門上窺探的場景，是對已逝美好往事的不捨；恰也是我對如今眼前的黃浦江，有著不知如何表達的無奈。

此後，我每每觀賞《蝴蝶夫人》，在女高音唱出「啊，多美好的一天」的詠嘆

奧塞中堂大廳展覽的雕塑，不只有藝術家的創作，大自然更用光影隨時變化它。

調，腦海中總是浮現曾經令我魂牽夢縈的昔日黃浦江。但是，當演到秋秋桑從紙門的洞向外張望時，我也不時地離了神，情不自禁地飄回到今日的上海，那被一幢幢高聳鋼骨大廈隔離視角的黃浦江。畢竟昔日邂逅的浪漫，鎖不住外來移民組成的上海，終就只有告別往日的回憶，不斷往前走。

布拉格查里橋，多少莫扎特

布拉格有條伏爾塔瓦河，河上的查里橋是旅遊者拍攝留念的最愛。但是，我愛上布拉格，不是查里橋，更不是橋下的伏爾塔瓦河。我迷上的是橋上街頭藝人的音樂。

查理橋雕像雖然無語，但街頭藝人的演奏可從未缺席。無論是時下的英國流行歌手阿黛爾（Adele）的《Someone like you》，或是莫扎特的歌劇《唐•喬凡尼》（Don

Giovanni），都在挑逗著遊人的聽覺。但正如莫扎特曾說：「布拉格人懂得我」，只有演奏莫扎特時，才能貼近城市的心跳。

《唐・喬凡尼》是莫扎特在布拉格的作品，首演於1787年10月29日的布拉格城邦劇院，而且是莫扎特本人親自指揮。布拉格人是莫扎特最「鐵」（註）的粉絲團，莫扎特的音樂當然也是布拉格必須要有的聲音，唯有莫扎特的音樂，才能襯托這座古城的節奏。沒有布拉格的莫扎特，就沒有《唐・喬凡尼》；沒有莫扎特的布拉格，那還是布拉格嗎？

另外，我要特別提醒各位，別忽略橋頭那座教堂的音樂演出，保證物超所值，尤其巧遇演奏莫扎特時，千萬別錯過。查里橋上的莫扎特，絕對是來到布拉格的必帶土產品。

巴黎奧塞美術館，猶如置身火車站

每回到巴黎，從未錯過奧塞美術館（d'Orsay）。收藏印象派畫作最豐富的奧塞美術館，正位於塞納河的左岸。

記得有次到巴黎，只有一個下午的自由時間，同行四十多人大都shopping去了，其他少數初到巴黎者，選擇羅浮宮或艾菲爾鐵塔，只有我一人去了奧塞。作爲奧塞迷的我，不只是心怡「印象」畫作，更是傾心它的建築物。

奧塞的建築物原本是1900年的火車站，當時的兩條鐵軌，正好穿過美術館畫廊中央。今日走進奧塞，仍然像置身在火車站，洞穴式的中央走廊、高高的拱形天窗，尤其是依然走動的大鐘，不時提醒你，它眞的曾是火車站。

奧塞的藏品主要是1848年後的藝術品，除印象派外，還有象徵派、抽象派等代表作，銜接了古典與現代；無獨有偶，建築上使用的暗黃色石材，配上簡明線條，同樣

從上海浦東濱江的高樓上，眺望黃浦江的遼闊江景，來來往往的船舶，耳邊傳來間歇的汽笛聲，令人心醉。

夏天黃昏漫步在塞納河岸，猶如走進「印象」的畫境。

布拉格的地標查里橋橫跨伏爾塔瓦河。

浦東的濱江區，一排排緊貼著江邊沿岸的鋼鐵大廈，硬生生地擋住江景。

奧塞美術館頂層，透過鏤空大鐘的內部，向外可俯瞰塞納河河面。

既古典，又現代；而展場內借用自然光來呈現繪畫、採用燈光來展示雕塑，兩種光源交叉出迷人的光影，更可說是古典碰上現代的演出。

光影穿梭，還有哪裡更「印象」

在奧塞美術館的中堂大廳，陽光會穿過透光的屋頂反射在展示的雕塑上，在早晨、正午、下午和黃昏，都會產生不同的形影。此外，一年四季不同的光照，更有著豐富的變化。在此展覽的雕塑，除了藝術家的創作之力，還有大自然隨時用光影變化著它。無論任何時候，大廳的雕塑都會在自然光影不休止的流動中，產生新的生命力；而繞著雕塑移動的參觀者，映在地上的影子，也如萬花筒般變幻，相映成趣。

印象派大師的畫作，則集中在奧塞的第五層樓。我特別欣賞自然光穿過遮陽光罩、曲斜地灑在展覽廳的片片光點。當你置身1900年的火車站，穿梭在莫內、雷諾瓦、竇加、梵谷、塞尚……還有更多更多的色彩光影中。你說，除了奧塞，還有哪裡更「印象」！

另外，四樓的咖啡廳一向大排長龍，也令我著迷。我喜歡坐在此，點杯咖啡，東張西望，不經意地聽聽四周的萬國語言腔調，默默地比較形形色色的「印象」。當我起身離開，也一併帶走不同文化的「印象」。

城市風情低迴，川流不息

我還記得，有一天的黃昏，我登上奧塞美術館頂層，透過鏤空大鐘的內部向外俯瞰塞納河河面，剎那間，眼前就是一幅再生的「莫內」。2013年八月的某一天，我在閉館後走過橋，沿著塞納河的右岸漫步。夏天塞納河的黃昏、水面上跳躍的光影，絕對是十足的「印象」。

今日，黃浦江的流水依舊，普契尼的蝴蝶夫人喚不回昔日的上海風情，但是海納百川的上海，已經裝扮得華麗多姿，走上國際伸展台；莫扎特的曲風悅耳且活潑，能適應時代變遷的考驗，但是走在橫跨伏爾塔瓦河的查里橋上，你定能感受布拉格對莫扎特的熱情；巴黎的奧塞美術館，仍然是印象畫派粉絲的殿堂，但是夏天黃昏漫步在塞納河岸，卻能走進「印象」的畫境。

如果你有機會到這些地方走走，可別忘了仔細聆聽這些水城日夜不休、爲旅人低吟淺唱的獨特風情。

註：「鐵」為大陸流行語，指心意如鐵堅定、忠貞不二之意。

在公園，感受當地人內心深處的呢喃

紐約中央公園一張深綠色長條座椅的銅牌上刻著：「如果你活到 100 歲，我希望我的生命比 100 歲少一天，如此我的一生永遠都有你。」我在那裡坐了許久，想到一些難以忘懷的人，也想到結婚超過六十年的高壽父母。我離去時公園的路燈已亮了，心中的思慕也更濃了，就像燈光下拉得長長地身影。

公園，是城市居民和自己對話的園地。

每到一個陌生城市，只要行程許可，我都會設法騰出時間到當地公園走走，甚至停留半天。因爲置身公園，可以感受到當地人內心深處的呢喃。

上海人民公園位於市中心。一個周末下午，我從人民廣場地鐵站出來，穿過人民公園五號門，無意間撞進了聞名大陸的「相親角」。這個「著名景點」現場人擠人，佈告欄上滿滿張貼著相親廣告，有些吊掛在樹幹上，甚至也有父母、親友、或仲介親自手拿著展示。相親招貼也有些歸類展示：「大齡」（已超過適婚齡者）、「海外角」（海外學歷或工作背景者）、「短婚」（曾有婚姻紀錄者）、「新上海人」（外省戶口移居上海者），井然有序得像超市一般。

公園成爲相親市集，依據供需配對

「相親角」是一個自然形成的自由開放「市場」，完全依據市場的供應與需求來進行「配對」。年齡、身高、學歷、工作、薪酬、房產和戶口等個人條件，成爲雙方評估的現實，也是相親文案的基本訊息。這些相親文案大都十分簡單直白，甚至是單刀直入，挑明尋找對象的具體條件。其中必備基本條件，男方必須是有錢有房，女方則是年輕溫柔。

招貼上的當事人很少出現在現場，幾乎都是父母或年長親友出面代理洽詢。由父母代打的公園相親，總讓我覺得像是周末市集的交易場面，每家每戶都在催賣自家「產品」，自吹自擂，希望爭取較佳的市場價格。但是這種人與人的「配對」，似乎更直接、甚至更原始。

雖說大陸電視的相親節目，在螢光幕上搞得紅紅火火，但媒體上的相親，在電視錄播流程安排下，或多或少是爲了演出的戲劇效果；公園裡的人挑人，則承載著兩代人的幸福期盼。「白髮人」出面代理、穿梭現場的情境，宛如市集的熱鬧場面，不只顛覆了現代婚姻的自由戀愛，更凸顯出上海這個發展迅猛的城市，人的急躁和孤寂。

大城裡的寂寞人心，非誠勿擾

2008年上映的電影《非誠勿擾》，一場由大陸著名演員葛優演出的相親戲，笑翻了戲院的滿場觀眾。葛優飾演的男主角秦奮刊登了如下的「徵婚啓事」：「碩士學歷以上的免談，上海女人免談，女企業家免談（小商小販除外），省得咱們互相都會失望。劉德華和阿湯哥那種財貌雙全的郎君，是不會來徵您的婚的，當然我也沒做諾丁山的夢。您要眞是一仙女，我也接不住，沒期待您長得跟畫報封面一樣看一眼就魂飛魄散……」

《非誠勿擾》的票房火紅，銀幕上相親的情節，一時間亦成爲兩岸茶餘飯後的聊天笑點。但是，當我在「相親角」繞了一圈後，那場葛優的相親戲很自然地又浮現腦海，只是此時，我卻如同嚥下一口沖泡無數回的冷茶，淡到像電腦鍵盤上的空白鍵，再也回味不到曾經的浪漫氣息。

那天黃昏，我在夕陽餘暉下走出上海公園五號門，面對著馬路對面的老戲院「大光明影院」（建於1933年），似乎覺得時間正在倒流中，而周遭高樓汽車的影像也在

北京清華大學的校園，就如同巨大的森林公園，初次到訪的遊客很容易迷路。

上海私宅圍牆內的社區花園，佔地遼闊，有大草坪、花圃、雕塑、烤肉區、迷宮和飼養天鵝的人工湖。

快速模糊、淡出。我彷彿又回到1930年代十里洋場的上海灘了。

中央公園座椅贈詞，令人動容

地球另一端的紐約，也有一座世界知名的中央公園，不只是面積廣闊傲人，一年四季排滿各式各樣的活動，更是讓人留連忘返。可眞正吸引我的，卻是公園裡四處可見的深綠色座椅。這些椅子都是有心人捐贈的，每張椅子都鑲有一塊小鐵牌，上面刻有或長或短的捐贈詞。每當我一個人靜靜地閱讀椅子上的捐贈詞，總令我感動。

捐贈詞大多數是祝福其家人、親朋等，有不少人感謝中央公園提供的美好時光，有人捐贈給學者、作家等崇拜者，但也有爲心愛的狗、貓、鳥等視同親人的伴侶。有位捐贈者說，他是騎腳踏車、慢跑的愛好者，需要有休息地方，所以作此捐贈，分享同好。一對捐贈的夫妻留的是：「我們在公園散步、騎腳踏車、享用熱狗，談論我們充滿愛的婚姻。我們捐贈這張椅子，祝福坐在椅子上的人有著甜蜜的愛。」

其他還有不少紀念已逝親人的文字，如同是墓誌銘；也有充滿哲理的話：「公園不只是散步的地方，我在此靜坐、閱讀、思考，找到生命的道路。」有位捐贈者的贈詞，如同贏得金馬獎上台致詞般，深恐掛一漏萬地列出一長串祝福的名單，除了上下各兩代親朋的名字外，也包括了他的愛犬和孫子飼養的小鳥，要不是鐵牌的面積已刻滿，我猜想，極可能期盼世界和平的心願就要出場了。

「願少活一天，如此一生都有你」

上述種種捐贈理由五花八門，但總離不開「愛」。其中最令我動容的一則是：「給我的丈夫：如果你活到100歲，我希望我的生命比100歲少一天，如此我的一生永遠都有你。」當我讀到這段文字的當下，鄭進一名曲《家後》裡的歌詞和旋律立即浮現腦海：「等待返去的時陣若到，你著讓我先走，因爲我會嘸甘，看你爲我目屎流。」那一天我在那張椅子上坐了許久，想到一些難以忘懷的人，也想到我那結婚超過六十年的高壽父母。我離去時公園的路燈已亮了，心中的思慕也更濃厚了，就像燈光下拉得長長地身影。

另外，在紐約大大小小公園中，中國城的社區公園（Columbus Park）亦是獨樹一幟，簡直就是復刻版的中國公園，而且是原汁原味的中國特色。公園一向是大陸老人的休閒俱樂部，下象棋、打太極拳、吊嗓子唱戲、閒話家常……是不變的場景。即便是遠渡重洋到了異國他鄉，紐約中國城內的社區公園，依舊是同樣的一幅畫面，講的也還是家鄉話，孫中山銅像也一樣矗立在公園正中央。紐約中國城的公園，有著千山萬水也阻隔不了的濃濃鄉愁。

大學校園是另類的公園

大陸城市的公園不算少，但比起急遽湧入城市的龐大人口，公園的公共空間就顯得侷促不足。不過也別失望，大陸城市的大學幾乎都有占地廣濶的校園，綠化程度大多不錯，而且多數都能自由出入。

如北京清華大學的校園，就像一座巨大的森林公園，一般初次到訪的遊客很容易迷路。萬一你迷了路——不，正常情況下，你有八成機率會迷路——不必擔心，不超過一刻鐘，必然會有人向你搭訕販賣景點地圖，甚至要充當你的私人導遊。他們通常不是清華的學生，當然也不是有牌照的導遊，多數是熟門熟路的本地人，講起清華的歷史典故也有模有樣，雖不保證增知識長見識，但多少能豐富旅遊的情趣。另一所名校北京大學，雖然校園不大，但文化氛圍濃厚，也很值得一遊，只可惜沒有北大人到門口帶領，一般遊客無法隨意進入校園。

私宅或公園，各有千秋

上海的大學也不少，校園也值得逛逛。但我個人覺得，上海高檔私人小區（高級社區）的花園更值得一遊。例如很多台灣人居住的「世茂濱江花園」，位於浦東陸家嘴，比鄰黃浦江邊，是一個超大的高級社區。這個社區圍牆內的花園占地遼闊，設有大草坪、花圃、雕塑、烤肉區、迷宮、飼養天鵝的人工湖……，甚至還有人工造浪的沙灘游泳池，很值得攀親帶故，找位住戶帶你逛逛。

上海高樓林立，市區如同水泥森林，人山人海的壓抑，令人喘不過氣。若有機會，抽空到郊區的「月湖雕塑公園」走走，暫時逃離都會的壓迫感，亦是很值得的行程。這座結合自然風景與現代造景藝術的雕塑藝術園區，位於上海市松江區佘山國家旅遊度假區內，園區占地達1300畝，環湖而建，且處處可見國際級雕塑大師的巨大作品，可以放縱地呼吸大自然，體驗上海慢活閒散的別樣面貌。

城市的公園提供人一個自在的空間，不論是自由開放的公共空間、半開放的大學校園、或是相對私密的私宅花園，都能提供一個暫停的時空，讓都會居民沉澱日常生活積累的壓抑。

任何時候，只要你走進公園，先鬆弛自己，再緩緩地融入情境中，它自然會向你展示當地人的的喜怒哀樂。靜下心，自然就可讀到當地人的情感，在公園裡體驗到這座城市的個性。

紐約中央公園捐贈椅子的贈詞令人動容。

紐約中國城的Columbus公園，有著原汁原味的中國特色。

Part 4

移動旅人

我在城市間移動，通常方向明確；
久之，不免倦怠，甚至渴望漫無目標的遊蕩。
我們都需要適度地從城市中出走，逃離高樓大廈、
車水馬龍的喧囂，躲藏在一個遠離人群的寧靜角落。
一個縱容你隨意任性的空間；一個容許你隨興自我的小確幸。

帶著書本去旅行

旅途中，窺視他人的閱讀，有著偷情的樂趣。因為窺視帶來一種未知的好奇，如同環繞登山路，每繞到山另一面，總是拉開一個新視野，一而再、再而三，滿足你登高遠眺的慾望。

旅途中讀書是多數旅人常有的經驗，尤其是長途旅行時，時間往往多到不知如何打發。

離開學校開始工作時，平常總覺得時間不夠用，甚至睡眠時間都不足，總希望一天有48小時。但一步上旅途、平日事務全都擱下，沒有預定時間表，也沒有預期目標要完成，就突然空出了大量的時間。

尤其是一個人獨自旅行的時候，空閒時間多得超出事前的想像，就如同是一張白紙等待著要被填滿。這時候，找本書讀，是打發時間最方便、也是最佳的選擇。

特別是那種沒有特定目的，純粹只是離家到外地走走，紓解日常生活壓抑的旅行；出行時間一久，原有生活壓力逐漸散去，替代的是孤獨的無聊，此時寂寞情緒便慢慢地浮現。可是獨行旅途中，又缺少知心人可聊天，那時讀書便是打發寂寞、也是和作者交流的好時機。尤其在遠離家鄉一長段時間，讀一本有關老家的書，不只可解鄉愁，更可打開重新認識家鄉的另一扇窗。

勾起旅途城市聯想的書

我習慣在出發前往陌生城市時，隨身攜帶旅遊指南外的有關當地的書。

我的經驗是，同一本書在不同情境下閱讀，會有不同的體會。我認爲帶一本能勾起旅途城市聯想的書，能帶來不同的閱讀境界。在倫敦讀《福爾摩斯》，巴黎讀《巴黎聖母院》，武漢讀《三國》，上海讀張愛玲小說，北京讀二月河的清朝皇帝系列等等，能使你置身其地時，營造出轉動萬花筒般的變幻氛圍。

不過，這個興趣也有例外。大陸開放沒多久，老媽就嚷嚷要到杭州。我恰因博士論文陷入瓶頸，數月無所進展；爲了舒解壓力，自告奮勇陪老媽前往杭州。

當年的杭州西湖，天黑後的活動不多，老媽每晚看《宋家三姊妹》的電視劇打發時間，我則帶了半個旅行箱的學術文獻，重點不在看什麼，而是寫了什麼。我十萬字的博士論文，有近四分之一、且包含最重要的一章，就在那時候完成的。我那時看論文、寫論文，不只毫無旅途中打發時間的閒情雅致，更多的是舒展不開的心理糾結。後來，我又數次重遊杭州，再也沒帶過書，寧可讓時間大片空白，彌補第一次杭州苦讀寫論文的沉重壓力。

一個人獨自旅行的時候，空閒時間多得超出事前的想像，就如同是一張白紙等待著要被填滿。這時候，找本書讀，是打發時間最方便、也是最佳的選擇。

旅途中面臨無書可讀的惶恐，被迫在當地書店發揮想像力，瀏覽不識的外文書。

閱讀毛姆感受時空穿越

雖然大陸幅員廣大，但對許多異鄉遊客來說，每個城市的建設其實大同小異，尤其是機場、車站、市政府大廈和人民廣場等公共場所，幾乎像似出自同一位建築師的設計。不過，如果你多待段時間、多接觸些當地人，就會從各城市間細微的差異，找到無限的樂趣。

杭州人在公園泡茶嗑瓜子，成都人在戶外打麻將，重慶人共食超大容量的麻辣鍋，武漢男人夏天夜晚赤膊在江邊納涼，新疆喀什婚禮的賓客跳舞歡樂，上海夜店的國際化等等。這些都是每天的尋常場景，也正是如此地平常，更增添異鄉反差的神秘。

如果你計畫要在中國大陸東南西北趴趴走，我推薦美國作家何偉（Peter Hessler）的《尋路中國》。何偉自2007年起擔任《紐約客》雜誌駐北京記者有七年之久，有當代馬可波羅的稱譽。他開著租來的吉普車穿越大陸，深刻動人地描繪尋常百姓的生活，讀者可從何偉筆下讀到大陸各地日常人的生活型態。

此外，如果你對消逝的歲月有深厚的感情，我建議你同時帶上英國作家毛姆（W.S. Maugham）的《在中國屏風上》（On a Chinese Screen，1922）。這是毛姆在九十多年前寫的中國遊記，58篇或長或短的敘事筆記，顯現了上世紀初大陸的風土民情，對比今日的情境，很有來回穿越時光的情緒波動。

品味書中的奢華

年輕時，不懂日語的我，獨自一人在東京周邊遊蕩了近二個月，那時幾乎碰不到有人講中文，連英語都少聽到。雖然每天都渴望有講話的對象，可惜對話大都是解決餐飲或交通，而且多半是使用英語、手勢和日本漢字三者交錯來溝通。

那種渴望對話的欲望，迫使我一遍又一遍重讀隨身攜帶的幾本書。一本黃春明的《莎喲娜拉．再見》，我就讀了三遍。不只消磨時間，也讀出了黃春明文字塑造的鮮活形象，一幕幕影像場景似在眼前。幾年後，我特地邀黃春明到我任教大學演講，主題就是黃春明的小說和電影，這也正是那次旅途中讀書促發的動機。

旅途中免不了會有不順利的地方，如果隨身帶著大衛•柯恩的《休假一年》，讀到作者一家五口環遊世界遭遇的種種困境和樂趣，不只能忘卻旅途疲憊，也能提升旅行的動力。

《品味生活》這本書鮮活地介紹世界各種極盡奢華的享樂，如巴黎的夏維（Charvet）定製襯衫、鱘魚卵製作的馬洛索（Malossol）魚子醬、基督山（Montecristi）生產的巴拿馬草帽等種種令人大開眼界的揮霍生活。保證你羡慕不已，甚至立誓每期買樂透，一但中了頭獎，必定要按作者的推薦，好好品嚐奢華的滋味，才不枉此生。此書能支持你在旅途中偶而脫軌、享受預算外的奢華。我就受到此書的誘惑，有回一到紐約就在機場租了加長Limousine禮車，在曼哈頓到處趴趴走，招搖一整天，享受土豪的生活。

窺視他人閱讀，有著偷情樂趣

2013年暑假，我在倫敦恰好撞上倫敦的「讀書節」（Reading Festival），在Trafalgar Square舉行。現場更舉辦作家、名人的朗誦活動（Get Reading），連英國的帥哥明星休葛蘭（Hugh Grant）也受邀朗誦，吸引了眾多紛絲捧場，這是我在旅途中最特別的「聽」書經驗。

旅途中讀書是情趣，而窺視他人讀什麼書更是絕對樂事。偶爾瞅著旅途中陌生人聚精會神地捧著書，甚至露出會心笑容時，最令人羨慕，甚至忌妒。此時，你的眼光自然落在他的書頁上，飢渴地搜尋以期待滿足你的好奇心。無論你瞄到的陌生人的書，是歡樂的遊記、是詭異的偵探小說、是難解的人生哲學、是想像的科幻小說、還是嚴肅的國際議題……，其實都無所謂。因為窺視帶來的是一種未知的好奇，如同環繞登山路，每繞到山另一面，總是拉開一個新視野，一而再、再而三，滿足你登高遠眺的慾望。旅途中，窺視他人的閱讀，有著偷情的樂趣。

享受「不識讀」的樂趣

旅行為減輕負擔，無法攜帶太多、太重的書。因此有時會面臨無書可讀的窘境，特別是最後一本書即將看完時，最令人焦慮。

我從小看書快，準備考試時自是優勢；但是旅途中看書打發時間，就成了缺憾了。我羨慕、甚至忌妒那些看書慢的人。我不解的是，明明一頁只有幾百字，怎能盯著看那麼久？即使是教科書也都能背下來了。於是，當書快看完的時候，會有一種捨不得讀完書的奇異心情油然而生。你不得不放緩閱讀速度，甚至故意拖延時間，深恐面對最後一本書翻到最後一頁的惶恐時刻。

有回在東京旅遊，苦於身邊無書可讀，被迫到當地的著名書店，胡亂瀏覽架上的日文書，從字裡行間混夾的漢字，揣測、想像書的主題和內容。最終，我待了約三小時，離開時買了一本書名、標題同時並列日文和英文，還附有圖片的日文書。

當晚我在旅館專注地「看」書，一成依賴那些漢字和英文來揣測，二成靠圖片的視覺感受，另外七成靠想像力，跳躍地翻完這本200頁的書。我的心得是，又重拾小學三年級開始讀報紙副刊的經驗，全依循中文象形字體的推測和上下文字關聯性來猜測文意，幾近任性地放縱想像力，自以爲是地「讀」出了另一個虛構世界，我很享受這種「不識讀」的樂趣。

其實，旅途中遭遇無書可讀的困境時，如果恰好在倫敦這種大都會，一點也不用心慌，只要直接走進當地的圖書館，尤其是大英圖書館（British Library）這種超巨大圖書館，蒐藏幾乎全世界所有語文的書，保證滿足你的需求。

唐詩宋詞是輕便好選擇

對我而言，一本不容易讀的厚厚大部頭書，是長途旅行的最愛。我所謂的不易讀，不是讀不懂，而是可供反覆閱讀，咀嚼再三，字裡行間多有所延伸、有想像空間的書。如果你不想帶太多、太重的書，又害怕帶少了無書可讀，我建議帶著《唐詩三百首》或是《宋詞》去旅行，輕薄短小，每次讀都有不同的體會，永遠也讀不完，可算是輕便的好選擇。

不過，今天的iPad和手機，不只可帶走整個書房的書，甚至整座圖書館都能裝走，而且還是文字、聲音和影像兼具的多媒體，甚至還能沿途下載，補充新書。事實上，旅途中在iPad和手機上看書的人，已愈來愈普遍了。

不過，任何的過多，反而成爲一種遺憾，少了那種稀缺的渴望，又何來滿足？何況，讀一本書，不僅僅是眼球的視覺，每翻開下一頁時，手指的觸覺、鼻子的嗅覺和耳朵的聽覺，都在按摩著你的想像力。這可是電子書沒有的經典感受。

因此，除非iPad和手機能提供觸覺、嗅覺和聽覺的滿足，我還是會帶著書去旅行！

北京酒吧不醉人

北漂的文化人常說好酒喝不醉、喝醉的不是酒。酒客喝的是過去，醉人的是未來。北京泡吧，泡的是北漂的理想。他們的志氣沒少過，抱怨也不少；雄心沒缺少，無奈也一直有。套句北京爺們的說法，那就是：「北京的酒不醉人，人自醉。」

北京城的歷史夠古老，文化底蘊夠深厚，文化人自然少不了。中國文人自古離不開酒，既然聊起北京的文化人，不優先聊聊酒吧，就像看《甄嬛傳》，少了臣妾的後宮是非，那就沒戲了。

北京城夠大，喝酒地方也夠多，形形色色，地方不同，更是各有風情。按照京城老酒客的說法：工體路是晚上十點以後燈火輝煌的噪音聚集地，是潮男潮女尋找刺激的殿堂；南鑼鼓巷緊挨著中央戲劇學院，胡同上俊男美女來往穿梭，是醉翁之意不在酒的最佳選擇；國貿、華貿一帶的五星酒店，是世界500強外企的白領，洋腔洋調擺譜的地方；後海自從電影《非誠勿擾》在此取景後，遊客趨之若鶩，酒吧街上南腔北調，大多數是到此一遊的外地遊客，看熱鬧的多，眞正喝酒的人不多。而三里屯的知名度最大，是遊客初次到北京的必到之地，但是自從南街拆遷改建後，原本胡同中煮酒論英雄的味道，已消失殆盡了。

北漂族買醉，舉杯敬酒開始

北京酒吧既然型態多元，故事絕對少不了，足夠寫出一本擲地有聲，打死蟑螂（甚至是迷你小老鼠）的巨著。

北京二鍋頭最適合大雪紛飛的冬天。

北京泡吧，泡的是北漂文化人的理想。他們的志氣沒少過，抱怨也不少；雄心沒缺少，無奈也一直有。

不過，我要談的酒吧，不是那種年輕人排隊等進場的「夜店」，也不是周末偶爾放鬆一下、喝杯調酒找氣氛的地方，而是賣酒給買醉人的酒吧。俗話說酒不醉人人自醉，酒吧眞正的主角從來就是人，酒頂多算是配角。而一樣的米養出千百種人，同樣的酒，也喝出千奇百怪的人。

北京泡吧的人形形色色，不分中外、男女、老少，眞的是多元多樣。但是，我今天只講北京酒吧的基本咖（忠實粉絲），也就是那些心懷不醉不歸、但結果往往醉得歸不了，或是醉不了、而不得不晨歸的酒客。這種酒客，十位中至少有七、八位是文化圈的「北漂族」（俗稱在北京謀發展的外地人）。本文要聊的，正是這種北漂文化人買醉的酒吧。

北漂文化人泡吧最有北方爺們的豪氣，他們常說好酒喝不醉，喝醉的不是酒。而無酒不成宴，北漂文化人的晚餐，多半是從餐桌舉杯敬酒開始。在大陸，白酒是主角，啤酒只能充當潤喉的配角。續攤後去酒吧，則是啤酒加洋酒，一家串一家，人來人去，男女老少，總能喝幾杯，多少也能牛B（註）幾句。

酒後的心聲是美麗夢想

好泡吧的文化人，不乏當今中國的文化圈名人，還有部份影視圈名人也是常客。不過這些人多半是幕後的工作人員，如導演、製作人、劇本、攝影、剪接、燈光……等等；當紅的明星通常不宜、也不會在此出現，否則狗仔也就太好混了。

我曾不只一次在這群醉不了而晨歸的文化人圈子中，聽他們談論劇本、組團隊、拍攝、配音、後期製作等事宜，最終竟還眞的因此而產生了幾部大賣的電影及連續劇。

前些日，在台北酒吧小酌，聽到鄰座大學生在高談濶論人生志向，不禁想起北京一位科班畢業的廣告導演。他的事業算是成功的，在35歲那年——正是三十而立已過了一半、即將邁向四十歲中年大關的一個「不三不四」的尷尬年紀——他立志要實踐大學時渴望導一部公路電影的心願。從此，他在酒吧不停地談電影拍攝計畫，劇本修改了一次又一次，集資洽談會也是一次又一次。2014年，40歲的他，首次到台灣旅遊，喝下半瓶威士忌酒後，仍舊談他的公路電影。這部公路電影，我已「聽」了無數次，也算是繪聲繪影地在想像中體驗了多次。但每回聽他提及，總能感受到生命的激情。畢竟酒後的心聲最是誠懇，即使實現不了，也是美麗的夢想。

北京一夜「二·QUILA」

我最是懷念的北京酒吧，是當年三里屯南街的「阿蘇卡」。老闆是北漂的台灣人，下酒的滷味拼盤和牛肉麵也是地道台灣味，不只撫慰無數北京台客思鄉情懷，也吸引大批擁護台灣美味的北京粉絲。另外，店內的招牌酒

「二·QUILA」，更是店老闆的自信之作。

「二·QUILA」其實是用北京當地白酒二鍋頭，仿效龍舌蘭酒Tequila的喝法，在一口杯裡倒滿，杯口蓋上一片灑白糖的檸檬片，仰頭一口乾下。因此這款仿Tequila喝法的北京二鍋頭，就命名爲「二·QUILA」。店老闆常用它來招待首次拜訪北京的台客老鄉、或是他欣賞的外地酒客，讓他們感受北京二鍋頭的勁道。

我的第一次「二·QUILA」經驗，是已過世中國時報「人間副刊」主持人高信疆，領著我到「阿蘇卡」和一群北漂文化人聚會時，老闆熱情親手贈送的一組六杯「二·QUILA」。那是一個大雪紛飛的冬天，我仰頭一口喝下一杯「二·QUILA」，一股暖流順著舌尖穿過喉嚨，宛如全身起火似的，感到通體舒暢。二鍋頭52度酒精的那股勁道，豈是只有40度酒精的Tequila能比。

胡同拆遷，時過境遷

「阿蘇卡」沒有太多裝潢，就像一般北京居民的老公房，有的只是北京胡同的歲月積澱。遺憾的是，爲了2008年的北京奧運，三里屯南街遭到拆遷重建，搬遷到他處的「阿蘇卡」，少了南街的胡同味，從此曲終人散，盛況不再。對此我心中不免有些失落，就如同台北市武昌街在1950年開幕的明星咖啡館，曾於1989年歇業，直到2004年又重新裝修再度開張，雖成功吸引了慕名看熱鬧的遊客，然而咖啡香依舊，卻時過境遷，當年氛圍早已不在。

「腳下」則是另一處文化人的窩，隱藏在鐘樓和鼓樓旁的胡同裡，是「後阿蘇卡」時代的接替者。

這家店的老闆是來自山西的北漂，在北京擁有多家酒吧，有排隊等進場的時尚夜店，也有你推我擠的Disco，每家都生意興隆。「腳下」可是其中唯一有北京味的酒吧，老房子擺上鴉片床、點綴著民間老家具，多少能勾起些陳年往事的北京味。這裡聚了一批早年「阿蘇卡」及三里屯南街酒吧的酒客，不時還有北京友人帶來的老外，專爲了斜靠著鴉片床，點根中國菸，體驗那種逝去歲月的歷史中國。

「酒超市」是嗜酒老外的最愛

午夜一點後的北京，外地遊客多數退場，酒吧也陸續打烊。若還想找地方買醉，最佳的選擇是「酒超市」。

這是一家特立獨行的店，是專賣酒的小超市，酒的種類多，價錢也相對便宜，所以另名「窮人俱樂部」，是嗜酒老外的最愛。這裡不只酒便宜，更重要的是打烊得很晚。尤其是來自賣酒法律嚴苛地方，如英國、澳洲等國的嗜酒之徒，更對這家店趨之若鶩。

這裡陳列櫃上的酒，每瓶都是明碼標價，酒客自行到櫃台挑酒、買酒，一切都得自助。連酒杯都得自己清洗，而且所有杯子的大小樣式都不一致，因爲每個杯子都是酒商促銷的贈品。你可挑只500 C.C.的啤酒杯倒威士忌酒喝，也可將伏特加酒倒在白蘭地酒杯裡，有時人多杯少，將就著用小型一口杯喝啤酒也是常有的景象。

簋街夜宵，來日再會

人不醉，酒吧會打烊。在離開最後一家酒吧，天將亮未亮前，北京最佳的宵夜處，就是簋街了。這是24小時永不打烊的麻辣一條街，幾乎家家都賣麻辣小龍蝦和烤魚，整條街飄盪著濃郁的麻辣味，足以嗆到我胃痙攣、淚流滿面。簋街如同台北市長安東路一帶的熱炒店，是酒後墊墊肚子，再喝兩杯啤酒回回神，回家前眞正的最後一站了。

北京酒吧可說是北漂文化人的窩。醉不了而不歸的北京人，正是很多北漂文化人的生活。

北漂的文化人常說好酒喝不醉、喝醉的不是酒。北京酒吧賣的酒不醉人，酒客喝的是過去，醉人的是未來。北京泡吧，泡的是北漂文化人的理想，他們的志氣沒少過，抱怨也不少；雄心沒缺少，無奈也一直有。若套句北京爺們的說法，那就是：「北京的酒不醉人，人自醉。」

註：

B原為性器官之諧音，在庶民口語中漸漸演化成「厲害」之意，「吹牛B」即「吹牛」的意思。

隱於三城的小確幸

在城市尋找小確幸，有時候只需要隨興、不需要理由。一個縱容你隨意任性的空間；一個容許你隨興自我的小確幸。台北的民生社區富錦街一帶，北京南鑼鼓巷的胡同巷弄，上海原法租界街道及復興公園，是我隱於三城的小確幸。

我在城市間移動，通常方向明確；久之，不免倦怠，甚至渴望漫無目標的遊蕩。身處像台北、上海和北京這些大都會，生活步調有時如同正在倒下的多米諾骨牌，一塊接著一塊，排山倒海的力道，容不得你眨眼，也壓得你喘不過氣來。那種心情，就像熬夜上網看了整夜的連續劇，又睏又累，但又捨不得停下來。此時，反而期待臨時停電，可以借機逃出戲中情境，暫時鬆弛緊繃的情緒。

久居都市，有時需要適度地從城市中出走，逃離高樓大廈、車水馬龍的喧囂，躲藏在一個遠離人群的寧靜角落。一個縱容你隨意任性的空間；一個容許你隨興自我的小確幸。

台北、上海和北京是我常居的三個城市，卻也都是節奏緊張的大都會。常住三城的我，很自然地發掘出一些隨意的自我解放空間。台北的民生社區富錦街一帶，北京南鑼鼓巷的胡同巷弄，上海原法租界街道及復興公園，就是我隱於三城的小確幸。

漫步台北小日子，品味文化融合

台北民生社區富錦街一帶是一個隨興的好地方。在這裡，可以隨意走，任意看，輕鬆玩。街區內有手工、天然的原創服飾、家具、擺設和藝術品。當然，也少不了吃喝的店。多數店鋪門面、室內裝飾，無不展現著獨特的個性。隨便走進任何一家，都不難找到讓人驚喜的元素。

我通常在午後二、三點前往，沒有特意目標，只是隨興穿梭，累了就走進鄰近的任一家咖啡館去坐。我一向對吃喝很挑剔，但一來到此處，卻反常地隨興。只因隨意的心情，帶來隨興的氛圍；再過多的堅持，反而多餘。

這區的餐廳不少，雖然不是每家都值得嘗試。不過，這區有不少標榜「融合料理」（Fusion Cuisine）的餐廳。那種融合不同區域食材與烹飪手法的料理，往往帶來驚訝！一些你未曾經驗過的食物，一開始，或許不習慣它的味道；但是，稍後包管你會驚嘆於廚師在視覺、觸覺甚至聽覺上的創意。

如果原意就是爲逃避都會急躁步調，才來此尋覓一點不平常，何妨試試不一樣的融合料理，也是一種難得的經驗。當然，融合料理究竟是文化融合？或是文化震撼？就完全看你當下的心態了。

台北的民生社區富錦街一帶，多數店鋪門面或室內裝飾，無不展現著獨特的個性。

隱於大都會角落，恰是城裡人內心的小確幸。

2015年初春，某天夜已深，我嚥下杯中最後一口紅酒，走出打烊的餐廳，轉到敦化北路，往南慢慢行去。午夜的敦化北路，相對安靜，車少人更少，有如彩色電影逐漸淡出，轉場淡入到黑白默片的場景，靜寂得猶如穿越時空般虛幻。

我沿路向南行，經過南京東路口的小巨蛋，城市的味道，又漸漸出現；到了八德路口，一輛接一輛呼嘯而過的摩托車，台北的五光十色更濃了；穿過市民大道，潮男潮女擦身而過，我又回到不夜的台北。

匆匆越過安和路，我大步跨入誠品書店的敦南店。每每走入這家書店，買書或不買書，至少都得花上兩、三小時才出得來，偶而直到天將亮才離去。我多半會再到仁愛路圓環邊的24小時營業餐廳，享受最晚的宵夜或是最早的早餐，才結束台北的小確幸。

北京南鑼鼓巷，午夜穿梭時空

北京最古老街區之一的南鑼鼓巷，是許多遊客必來的景點。南北走向的南鑼鼓巷，左右共有16條胡同，雖然不是每一條都值得探尋，但是這裡的故事卻不少，居住過的歷史名人也很多，堪稱北京的歷史名人巷。

盛名在外的南鑼鼓巷，白天與一般熱門景點無異，耳際傳來盡是南腔北調，鬧烘烘似要炸開的熱水壺。唯有夜深人靜，才能體驗北京的古城風貌。

我喜歡一個人漫步在午夜的北京胡同。2014年初秋，我和北京友人在鼓樓邊的酒吧，喝酒擺龍門，直到酒吧打烊才離開。我帶著六分醉意、七分夜深人不眠的情趣，想要步行去北京24小時的「三聯韜奮書店」。我拒絕了攬客的出租車，一個人漫步朝向地圖上看似不遠的書店；心情如同我在台北，從富錦街走到敦化南路的誠品書店。

我一個人沿著鼓樓東大街向東，再右拐進南鑼鼓巷北口。此時，兩旁店家都已熄燈閉門。我慢慢地走，昏黃街燈下的身影拉得長長地，四周靜得只有自己的腳步聲，靜默中甚至能聽到自己的呼息聲。當下的場景，恰似伍迪艾倫導演的「午夜巴黎」（Midnight in Paris，2011）那場精彩的穿越戲。男主角蓋爾（Gil）一人漫步午夜巴黎街頭，陰差陽錯搭上路過的馬車，穿越到1920年代巴黎的名流派對，結識了海明威、畢加索、達利等名人，甚至迷戀上畢加索的情人亞得利亞娜（Adriana），因而瘋狂地愛上了巴黎。

我走在午夜的南鑼鼓巷，穿梭進出左右兩旁的大小胡同，努力回想白天曾探尋的歷史痕跡。清朝大臣榮祿、中國最後皇后婉容、蔣中正、齊白石、茅盾等等，似乎依然活躍在胡同中。

這段巷弄不長，半醉半醒的我，竟然走了超乎尋常的久，直到天光漸亮，才走出了巷口。或許是胡同中厚重的歷史沉澱，拖延了我的腳步；或許我在胡同中穿越到從前，也不無可能。畢竟，午夜的北京胡同，精彩的是人的想像力。不過，那一夜後，午夜的南鑼鼓巷，就成爲我在北京的小確幸。

流連上海老風華，隨意走隨意看

上海浦西的前法租界，在今天的徐匯區和盧灣區（現併入黃浦區），是當年的富人區，處處花園洋房和高級公寓，是名人雅士出沒的地方。前法租界的復興西路、華山路、淮海中路（原霞飛路）、武康路、汾陽路、思南路、多倫路或其他任何一條路，都是尋幽訪勝的好去處。不過要符合隨意走、隨意看，又能隨興吃喝的情趣，我推薦東平路一帶。東平路東起岳陽路，西到烏魯木齊南路，只有400公尺左右長度，寬約12公尺，是一條相對幽靜的小路。

我的上海隨興行，通常從衡山路口的東平路11號的「Sasha's Restaurant and Bar」開始。這幢老洋房，原爲宋子文故居，現是上海時尚的英式酒吧和西餐廳，是追尋老上海風華的優先選擇。

如果你喜歡湊熱鬧，我建議你體會一次Sasha's的周日早午餐。這裡，不只餐點物有所值，更是欣賞多種族共處的好場所。不過，要在這裡用餐，務必得早早訂位，這裡的早午餐可是上海最熱門之一。如果你是美食者，二樓西餐廳在上海屬一屬二，無論牛排、海鮮或甜點，都不會令你失望。不過，如果你覺得菜單上的人民幣標價，乘上5倍換算成台幣的數字，高得荷包負擔不起，我推薦你點「宋氏晚餐」。三道式晚餐，加上一杯葡萄酒，只要人民幣298元，在上海絕對是優惠價。在宋氏老宅子，點客宋氏晚餐，絕對是上海式腔調的選擇。

我的最愛是，周五晚餐前，提早一個小時抵達Sasha's。我通常先到一樓的酒吧，點一份紅酒加起士拼盤套餐，坐在酒吧靠邊、正對大門的位子，好整以暇地瞅看三三兩兩陸續走進來的紅男綠女，各個盛裝出場，迫不急待地要融入即將演出的夜上海。

走過浮華的Sasha's，接下去才是可隨意走、看，又能隨興吃、喝的東平路。隔壁的9號，是蔣中正和宋美齡在上海的住宅「愛廬」。緊鄰的「青瓏工坊」是販售家具、瓷器、餐具及各種家居設計品，樓上的「藏瓏坊」餐廳是同一經營者，所用的桌椅、擺飾和餐具也都是自家產品。再往下走，沿路可看、可買的店鋪不少，猶如台北富錦街。這兩區氛圍的相似度，至少百分之七十。當你一直走到底端的岳陽路，務必要繞到前面的汾陽路，因爲著名的「白公館」就在眼前。

汾陽路150號那幢灰白色洋樓，因爲白崇禧、白先勇父子居住過而習稱白公館。雖然，他們父子在這兒居住的時間並不長。這幢方形和橢圓形結合的三層高花園洋房，建於1920年，典雅穩重，目前是上海紅紅火火的德國餐廳和現場音樂演奏酒吧「寶萊納」。

我喜歡坐在二樓依靠欄杆處的位子，向下俯瞰舞池中手舞足蹈的時尚男女。這裡自釀的啤酒號稱上海第一，黑啤、黃啤或白啤，口味任君選擇。建議點一客烤得皮脆肉香的大份豬腳，再叫一杯1000c.c量的啤酒。你就算酒量再不行，也要舉起大杯子喝啤酒，才符合這裡大口吃肉、大杯喝酒的氣氛。

白公館是愈夜愈美麗，是上海不夜城的代表性夜店，不容錯過。但這不是一個隨意的自我空間，也不是我的私藏上海。我通常只是帶友人來此一遊。

大隱隱於市，任性虛耗一小段光陰

我眞正喜愛的是人少車少的大白天，尤其是初秋午後的汾陽路。這裡雖然不算人煙罕見，卻適合一個人獨自慢行。伴著風吹落葉的聲音，沿路一家一戶地窺探氣派依舊的深宅大院，多少能想像昔日豪門巨富的生活。

汾陽路堪稱是老上海的豪宅區，800多公尺長的道路，夾道是鬱鬱蔥蔥的行道樹，占地廣濶的花園洋房和典雅的高級公寓，一幢緊接著一幢。原猶太俱樂部的上海音樂學院禮堂辦公樓（20號），原花園住宅的比利時領館專家樓（20號），原上海海關專科學校的汾陽路花園酒店（45號），原爲猶太醫院的上海眼耳鼻喉科醫院（83號），原法租界工董局董事住宅的上海工藝美術館（79號），以及曾是戴笠官邸的和平官邸餐廳酒吧（158號）等等，都值得專程前往一般看。目前多半對外界開放，值得專程前往，一窺當年豪宅腔調。

公園是多數人隱於市的獨處地方。不過，上海市中心的公園，大都人多嘈雜，唯有位於浦西市中心的復興公園，是少數相對安靜的休憩地方。

公園不大，但設計相對細膩。這座典型的法式園林，園內到處是歐式的雕塑、花架、長椅，是上海老克勒的最愛。春、秋時節，帶本書、買杯咖啡，找張角落的長椅消磨半天，多少有置身倫敦市社區公園的錯覺。對我而言，這是享受上海最難得慢活的角落，適合胡思亂想，回味往事，溜狗、發呆也行。

爲逃避大人的監控，小孩有時會一個人藏身床底下、樓梯間，獨自享受一個暫時自在的空間。生活在大都會，我們不時也會有逃離的衝動；然而，只有少數人有能力、又捨得離開城市，多數人還是只能期盼有個無所事事，任性虛耗一小段光陰的小角落。

隱於大都會角落，恰是城裡人內心的小確幸！

Part 5

移動南北

——

若是冬天到南方的上海賞雨，一定要在溼冷空氣下走一趟法租界，品嚐細膩的小情趣；坐在咖啡廳依窗的位子，一窺窗外那伴著細雨行過梧桐樹下倩影的韻味。

至於北邊的京城有什麼值得我留戀的？

按我的說法，搭上出租車來趟名嘴導覽的 city tour。出租車司機的說古論今，是北京最令我難忘的聲音！

南方看雨，北方賞雪

隆冬降溫，又到了南方看雨，北方賞雪的季節。上海雨打梧桐的愁緒、北京溫酒賞雪的豪邁，都值得旅人動身前往。感受那蒼涼歌聲、伴著銀雪紛飛的京城豪邁風情，或是細雨中行過梧桐樹、品味上海小資生活的韻味。

小時候喜愛仰望天空，總以爲穿過雲層藍天，就能看到童話中的精靈、飄浮空中的城堡。

長大後，雖然童話幻想不再，但我依然喜愛仰頭看天，望著自天而降的雨和雪，永遠不感厭煩。

出生於台北的我，尤其喜歡夏季午後的西北雨。「西北雨，直直落，鯽仔魚，欲娶某」，是當年兒時幾乎人人都能哼唱的童謠。

台北的西北雨往往來得急驟，雨滴大而急，但時間大都很短、範圍也不大，經常出現東邊是雨西邊晴的異常景象。我尤其喜歡西北雨過後的短暫潔淨，大地被洗刷得清清白白，像畫家在畫布上的留白，讓人捨不得跨出腳步，就怕踩出了灰塵，打破這純淨的畫面。

異鄉的西北雨

2008年夏天，我在廈門大學講學。一天午後在老街閒逛，巧遇傾盆大雨，雨勢又急又大，雖然只有短短七、八分鐘，卻將走避不及的我，淋得全身溼透。我跟當地人群一起擠在騎樓下避雨。同行的台商友人忽然哼起：「西北雨，直直落……」這首閩南童謠，騎樓下一起躲雨的當地人也附和地哼唱起來。大夥兒很自然地，你一段、我一段，合唱或哼著五、六首描繪雨景的閩南歌曲。那時我的耳際，聽到的是金門腔台語，更正確地說是廈門腔閩南語。我的思緒在剎那間，回到兒時騎樓躲西北雨的情景。

這陣短暫的西北雨，不到十五分鐘就停了，人群匆匆散去，各自奔向自己方向。我有著身處異鄉卻回到家的恍惚，也一下子點醒我，台灣出生的父親，有一天在電視上看到介紹廈門、泉州老街影片時，也曾自言自語嘀咕著，怎麼像是他小時候的台灣？後來，我專程陪父親走了一趟廈門、泉州和漳州，讓父親在異鄉重溫年少台灣的記憶。

冬季到台北來看雨

前些年，我從上海坐火車到蘇州，不料剛抵達，甫下車就是雷電交加，老天似乎打翻了水罐，瀑布般的大水傾倒而下。還好不久後雨就停了，天邊也斜透出一抹亮光，只是整個下午，雨就這麼下下停停、陰陰晴晴。

我們就近鑽進一家茶館躲雨，巧的是這正是一家表演蘇州評彈的茶館。這次無預期的邂逅，讓我第一次感受到吳儂軟語的江南情趣；這場西北雨，也讓我喜歡上評彈的表演藝術，享受了一個蘇州賞雨聽評彈的江南午後。

到了2014年，台北故宮展出明朝四大家特展，將沈周、文徵明、唐寅和仇英的作品，分成四次展出。我四場都專程前往觀賞，或許是那天蘇州午後評彈的柔軟氣韻吧，我相當沉醉於明朝四大家畫作的細膩雅致。

雖然夏季西北雨是我從小到大的最愛。但是自去年起，我也開始愛上台北冬季的下雨天。這全是孟庭葦那首〈冬季到台北來看雨〉（1992）的緣故。去年冬季，一對大陸的八〇後新婚夫妻到台北度蜜月。他們見面的第一句話就是：「我們到台北來看雨。」

北京下雪，則是典型的北方粗獷風格，下得急、大、厚，直到眼前白茫茫，天地一片雪白。

冬季到台北來看雨，品味一種溼冷的情趣。

不會吧！冬季到台北來看雨？我簡直難以相信，一連追問了幾遍，才確定他們眞是爲了看雨，專程挑選溼冷冬季來台北度蜜月。他們望著滿臉迷惑表情的我，輕輕地哼唱起孟庭葦這首在大陸幾乎人人知曉的歌曲：「冬季到台北來看雨，別在異鄉哭泣；冬季到台北來看雨，夢是唯一行李……」那時，我才恍然感覺到台北冬季纏綿的浪漫，也開始轉換心情，品味起台北冬季溼冷的另一種情趣。

細雨梧桐，上海情調

自從愛上台北的冬季，我也發現了上海冬天雨季的另類風情。「一葉知秋」那種慢絲條理、緩緩變冷的步調，基本上不適合上海。上海的冬天，似乎總是在一夜雨後、一早起床掀開被窩的時刻，就突然就來了。滿城梧桐樹葉，似乎也在一夜間掉到精光，只留下光禿禿的枝椏，在冷空氣中蕭瑟地顫抖。

我喜歡在毛毛細雨時，走在上海原法租界區的復興西路一帶，踩在滿地棕黃色的梧桐落葉上，聽那沙沙的腳步聲。尤其是那種綿綿細雨下個不停，但又不到要撐傘的程度，更有著一種惱人的浪漫。在人行道旁的巷弄裡，則是上世紀民國時期的老公寓，現在大都由多戶人家共住，擁擠卻不失雅致。行經該處，不時可看到窗檯上擺出的盆花，有時也會聽到屋簷吊鈴隨風搖晃的旋律。偶有情人共撐一支小花傘，依偎走在人行道上，迎面而來，恰恰是上海冬季下雨的情調。

上海女人與冬雨的鬥爭，老太太也露小腿

上海冬季比台北更溼、更冷，雨量沒少過，加上陣陣海風襲來，直冷到骨子裡。上海的冬天，如果你在街上看到包裹地密密實實、像巨大棉花糖似的行人，幾乎全是來自冬季攝氏零度地區的北方人。特別是冰天雪地的東北人，無不穿上羽絨衣、滑雪

衣、毛帽、手套、圍巾……，重裝備出門，個個縮著身子，分不出男女老少。

上海街上，一年四季少不了美女。夏天的外灘，東北大妞170公分以上的高眺身材，個個露出一雙修長的腿，走在外灘的行人步道，如同模特兒在走伸展台。可是到了冬天，尤其是淅淅瀝瀝下著小雨、刮著風的日子，那就是上海本地美女輕裝上街、爭奇鬥艷的好時機了。

上海女人爲了「拗造型，不怕冷」的氣勢，正應了台灣「愛美不怕流鼻水」的俗語。爲了美美上街，上海女人可是超級不畏冬寒，滿街是露腿、露胳膊的青春少女，短褲、絲襪和長靴更是展現修長身材的基本搭配，即便是老太太也是輸人不輸陣，穿上半截長的短絲襪，也要爭著露出一截小腿來。

下雪天有人等你回家，最是幸福

相較於南方冬季的雨，北方的雪，最能吸引台灣人了。

上海不算北方，很少下雪，偶爾下雪也下得不多，下得慢、輕、薄，下得很含蓄。我喜歡上海飄細雪的日子，像極了台北夜市的雪花冰，輕輕地、綿綿地，飄浮在你的身上。每次從室外走進門，脫下外套、輕輕抖掉雪花，再輕輕拍落沾在髮梢的細雪，室內撲面的溫熱，總令我心暖。

北京下雪，則是典型的北方粗獷風格，下得急、大、厚，直到眼前白茫茫，天地一片雪白。北京人下雪天大都窩在家不出門，一但出了門，多半是呼朋引伴喝酒去。大雪天，天寒地凍，沒酒量的人都免不了喝兩杯禦寒，平日嗜酒的人到了此時，酒量沒增加，但酒膽卻大了許多。北京大雪的日子，不時有凍死人的新聞，不少是酒醉倒在路旁，隔天被發現已凍成冰棍了。所以北京下雪天出門喝酒，少不了喝醉被送回家，也少不了送喝醉酒友回家。

有一次大雪夜，從酒吧街送喝醉友人回家。喝醉的人說不清家住何處，加上一口四川鄉音，我和北京出租車司機二人一起猜著地址，深夜在北京城四處穿梭尋覓，同一個十字路口，左右來回不計其數，就是不敢輕易在路口放人下車，深恐隔天看到凍死人的新聞。最後車子開進社區的大樓下，我和司機扶他爬上了亮燈的三樓門口，門鈴一響，即聽到快步應門聲。終於將人送到家，我如同自己回家一般地放下了心。家，無論多晚，總有人等著你回來，尤其是下雪天的晚上，有人等你回家，或是等人回家，最是幸福。

北京第一場雪，難忘蒼鬱歌聲

冬季到北京看雪，我另外還有著特別的回憶。新疆歌手刀郎的名曲〈2002年的第一場雪〉，正是我難以忘懷北京冬季的下雪情結。

刀郎這首歌發表於2004年，瞬間紅遍大陸每一個角落。那渾厚沙啞的嗓音，粗獷中帶著大漠獨特孤寂的蒼桑，深深打動著無數北漂的異鄉人。那一年冬天，大雪紛飛的北京城，走在酒吧一條街上，最常聽到的就是酒吧裡傳出來的歌聲：「2002年的第一場雪，比以往時候來的更晚一些……」

我仍然記得那個北京下大雪的午夜，一位來自新疆的北漂大學生，在三里屯南街的酒吧嘶啞地唱著：「……2002年的第一場雪，是留在烏魯木齊難捨的情結……忘不了把你摟在懷裡的感覺，比藏在心中那份火熱更暖一些……」他唱著唱著，一把抓起桌上的酒瓶，仰頭大口灌下半斤二鍋頭，然後朝同桌的北漂夥伴揮揮手，不發一語，轉身走向門口，掀開厚厚的布簾大步邁出門，消失在大雪紛飛的白茫茫雪地中。此後，我再也沒見過他。直到如今，我在北京冬季的下雪天，每每坐在酒吧，都還能依稀回憶起那蒼鬱的歌聲。

隆冬降溫，又到了南方看雨，北方賞雪的季節。上海雨打梧桐的愁緒、北京溫酒賞雪的豪邁，都值得旅人動身前往。不過還是老話一句，若是冬天到上海來賞雨，一定要在溼冷空氣下走一趟法租區，品嚐細膩的小情趣；坐在咖啡廳依窗的位子，一窺窗外那件著細雨行過梧桐樹下倩影的韻味。唯有如此，你才能品嚐到上海小資的生活情趣。

尋找消失中的上海記憶

一百六十多年前的木頭地板，踩在上面軟軟地彈腳，有些微微晃動，耳邊響起喀吱喀吱的聲音，腦海中不自覺地浮現出李安電影《色戒》中，老洋房木頭樓梯的腳步聲。

上海的高樓大廈，第一次接觸時，的確令人驚訝，因爲它竟是如此地現代化！可是，現代的上海，卻未能打動我的心，眞正能觸動我的是正在消失中的上海記憶。今天的上海是一個「更好」的城市：效率、整齊、秩序、美觀，一切都更加舒適，甚至美好得有些過度。但是，關於這個城市的記憶，卻正在逐漸褪色、模糊……。

舊上海的浮華，浮現眼前

我在1990 年代，初次來到上海。抵達當晚，我專程前往慕名已久的和平飯店，迫不及待地奔進一樓的Jazz 酒吧。可是，聞名的Jazz 樂隊，已如同白髮宮女，令人不勝唏噓。

正要悵然離去之際，走到中庭，恰好抬眼望見古銅鏤花雕刻的挑高圓頂，散發著歐洲宮廷典雅華麗的藝術氣息。那一剎那，和平飯店的故事——不！不！不是和平飯店，應該是華懋飯店（Cathay Hotel，和平飯店的原名，建於1929 年）——全都回來了！那些小說裡、電影中、上海老克勒口中的人、事、地、物，全都回來了。那一刻，舊上海的浮華逼眞地浮現在眼前。就在那一天，我眞正地愛上了上海，一個有記憶的上海。

這些年，我在不同城市間頻頻移動，成爲一個典型的城市移動者。每當被問到我本人為何喜歡上海？我總是語氣肯定地回答：舊上海的記憶。

外灘的萬國建築群，有二、三十幢1900年代初的歐美建築、是遊客的必到景點。自從2010年，上海世博會將城市市容大舉整建了一番後，外灘的空間更加「宏偉」了。但是歲月記憶的點點滴滴，卻也隨之消失了。

浦江飯店，歷史名人在上海的家

外灘這排既陌生又熟悉的歐美建築群，其實不值得滯留太久。我建議你按照旅行團的導遊步伐快速走過，放心地向北行去，直接跨越白渡橋，奔向浦江飯店。

這幢建於1846年、原名RICHARDS HOTEL的建築，背後大有故事，如中國最早的西方社交舞會（1897年）、第一座接通的電話（1901年）、第一部電影（1908年）……等象徵新潮的里程碑，都在這裡出場。眾多的第一，成就了浦江飯店的歷史地位，高調奢華的維多利亞時代風格，也成爲老上海灘風情的經典代表。

我通常介紹浦江飯店是「歷史名人在上海的家」，在這裡住過的名人有：愛因斯坦（304號房，1922年）、哲學家羅素（310號房，1920年）、卓別林(404 號房，1931及1936年)、美國前總統格蘭特（410號房，1897年）等。這些名人房內的家具、燈飾、電話都是仿古製品，牆上也掛著該名人的畫像，猶如走入時光倒流的恍惚。

名人住過的套房樓層，環繞著挑高的中庭，佈置了一個小小的歷史文物展覽區。一百六十多年前的木頭地板，踩在上面軟軟地彈腳，有些微微晃動，耳邊響起喀吱喀吱的聲音，腦海中不自覺地浮現出李安電影《色戒》中，老洋房木頭樓梯的腳步聲。我在暖黃色燈光下尋找卓別林曾住過的404號房，恰似回到從前，走進默片的黑白電影場景。對了，提醒你一聲，參觀完後，下樓時，別忘了搭一回老電梯，體驗古老機械啓動和停止時，上下微微抖動的情趣。

挑高的中庭佈置成一個小小的歷史文物展覽區

大廳的高調奢華是典型的維多利亞時代風格

歷史記憶，不經意發現

這些年在上海，我最喜歡黃昏時，在浦西的老租借區漫無目的地閒晃。老法租界街道的梧桐樹不少，兩旁的名人故居也不少，但多數都已改裝成了餐廳，滿足了飲食男女的口腹之慾，卻也掩埋了大部份曾有的過去。

但也不必太沮喪，只要有些耐心，抱著漫不經心的隨意，總會碰到有意無意的驚喜。這些無預期的邂逅，可能發生在牆角的舊雕飾、在門廊上的裝飾、或許在巷弄拐角的小天井……。上海吸引我的，不是高聳入雲的東方明珠，也不是外灘的外國建築群，更不是如同電影拍片廠的新天地。眞正的上海風韻，是藏在老舊租借地的巷弄裏，那些不經意閒逛下發現的歷史記憶。

上海，一個曾經是東西文化交匯的舞台，一個上演希望、浪漫、冒險和奇蹟的時代舞台。我在上海，尋找的是上世紀初上海人的記憶。

上海的「天空之城」

從高處往下看，上海浦東陸家嘴猶如手術檯上正在整型的一張臉。臉型像東京，眼睛像香港，鼻子像紐約，嘴唇像倫敦……。這張國際化的新臉，已經找不到浦西那張老臉的形貌了！

都說上海是魔都，一座變幻莫測的城市，因爲這個城市三年一小變，五年一大變。

而這幾年，變化的腳步更是迅速，簡直到了日新月異的地步，黃浦江的兩岸就有兩種迥異的城市面貌。

上海是典型的雙子城（twin city），以黃浦江爲界，分成東、西兩城。黃浦江以西，稱爲浦西，是開發較早的老上海，尤其外灘一帶的租界區，還存有歐洲古城鎮的風貌。以東則是浦東，是近年急速開發的新上海，區內的陸家嘴金融區，高樓林立，恰似紐約曼哈頓。

浦西曾經的十里洋場

浦西外灘一帶的租界區，在1900年代初期，是中國接觸西方的窗口，西方傳統資本主義在這塊土地上留下了很多事蹟。浦西租界區正是當年「八國聯軍」，各依所需發展而來的城市面貌。不同的區域，有不同的風情，多元文化一如浦西街道的彎拐曲折。

浦東的陸家嘴金融區，則遲至1990年才開始建設。它是依據中國式資本主義建設而來的城市，也是中國式思維所追尋的國際化城市，是大家口中所謂的新上海。

我第一次來到上海，走在浦西外灘的萬國建築群中，二、三十幢1900年代初的歐

浦東陸家嘴金融區，高樓林立。

美建築，匯集了古希臘的穹窿、哥德式的尖塔、巴洛克的廊柱等豐富建築風格，如同置身一座大型的建築博物館。建築群的樓層雖不是太高，但主體厚重的石材外牆、西方色彩濃厚的建築風格及頂端裝飾，抬頭仰望，往往有置身歐洲古城鎮的情境錯覺。

帶我導覽的上海友人，特別引領我繞到外灘萬國建築群背後的四川中路，細數馬路兩側的上海市優秀歷史建築。當時，雖然南方的廣州、深圳等城市，現代化的腳步已是如火如荼進行，但上海似乎仍停駐在歷史的休憩站，尚未甦醒過來。不只看不著十里洋場的繁華，更多的是褪色的蕭瑟與落寞，讓我也不免感到失落帳然。

外灘後花園，素顏的老上海

稍後，友人帶領我轉入九江路，由東往西走，並沿路一一指示當年外資銀行和洋行的所在處，原來當年的「中國的華爾街」，竟藏身在這不起眼的老街裡。緊接著，我們轉到向南二條街的福州路，找到1897年商務印書館開業舊址，端看近代中國出版文化的發源地。

那一天下午，我從中山東一路往西到四川中路，再從北邊的南京東路，向南邊的沙市二路、九江路、漢口路、福州路、元芳弄一直走到廣東路，踏遍了這塊由八條道路交叉組成的長方型街廓。

嚴格說來，這區的道路不寬，卻反而因此顯出兩旁建築的高聳。我因著友人的指點提示，時而仰頭，時而彎腰，東張西望，尋尋覓覓，就怕稍不留神，遺漏了曾經的風華上海。

此後，我常在這一帶街區閒逛，尤其喜歡一個人，漫無目標，不經心地悠晃。我很喜歡這片藏身外灘宏偉建築後面的長方塊街區，並自稱它是「外灘後花園」。在朋友的分享下，爾後這塊區域也變成我的私房景點。

這些年，上海移山倒海的變裝，整座城市從裡到外，猶如進行一場全身整型的大手術，幸好「外灘後花園」被列入優良歷史建築地區，只在外表抹脂擦粉，躲過開腸破肚之災，全身骨架依然保存。旅遊行經此處，只要有心，慢活中，不愁在「外灘後花園」，找不到素顏的老上海。

浦東整型成國際臉，找不到老原貌

日前，在飛機上和鄰座的一位紐約客閒聊。他剛去了一趟上海，那是他首次的中國行。我問及他對上海的印象？他想了好久，表情有點疑惑地回答我，「上海很國際化，和紐約差不多。」這位紐約客飛抵浦東機場，住進浦東陸家嘴國際連鎖飯店，樓下是國際連鎖品牌的購物中心，連餐廳和超市也幾乎全是外來連鎖品牌。對於他的觀點，我聽後，沉默了許久。

這種困惑的表情，我不是第一次看到。五年前，我在大陸參加一場國際學術會議，一位離開近二十年才首度回大陸開會的華裔外籍學者表示，他此行到過的每個城市、機場、市政府、廣場、商場、公園等等，似乎出自同一位建築師、同一張藍圖。他困擾地說，拍照日後整理起來，不知如何分辨照片的拍攝地點。

2000年，我第一次登上上海東方明珠，腳下的浦東陸家嘴，猶如一片大工地，到處是張牙舞爪的工程吊車。從高處往下看，陸家嘴猶如手術檯上正在整型的一張臉。

這些年，上海這座城市，正不停地複製國際化的其他大城市，以加速追趕紐約、倫敦、東京、香港……等國際城市的腳步。尤其是浦東陸家嘴，因爲是新開發區，沒有歷史的包袱，正好放開一切去執行「國際化」任務。

是了，陸家嘴金融區的確是愈來愈國際化，但也日漸驅同於全球化的城市符號中。與其說陸家嘴國際化，不如說它是「被國際化」。

時至今日，上海浦東的陸家嘴似乎正在整型出一張國際臉，臉型像東京，眼睛像香港，鼻子像紐約，嘴唇像倫敦……。浦東這張新臉已經找不到浦西那張老臉的形貌了！

上海追尋何種理想的「天空之城」？

抬頭仰望天空，總是想像無限。我喜歡宮崎駿的卡通「天空之城」，故事雖然簡單、直白，但引人深思。

影片中的「天空之城」（Laputa），象徵著眾人共同追尋的目標，然而，驅使眾人追尋同一目標的慾望卻各自不同。換句話說，「天空之城」在不同人心中，呈現著不同的理想面貌。這個影片的故事結尾是，本來飄浮在雲層中的「天空之城」，最終消失在雲堆的彼端，猶如在現實中，永遠不可能出現的幻想一樣。

2015年三月，我在浦東陸家嘴看見高聳入天，即將完工、成爲世界第二高的「上海中心」。這幢632米高的龐然大物，使得緊鄰的兩幢超高層建築「環球金融中心」（492米）和「金貿大廈」（420.5米）相對地渺小，至於電影中經常出現的地標「東方明珠」（468米），也顯得時不我與了。

如果你也看過「天空之城」這部影片，應該會感覺，採礦城鎮架高的環城火車軌道，像極了上海穿梭城區的高架車道。上個月，我從浦西要往浦東，車子開上高架，穿過市區，我不禁回想「天空之城」，那帶給人夢幻的理想追尋。

我很困惑：變臉中的上海，究竟在追尋何種理想的「天空之城」？

北京好聲音

若問北京有什麼值得留戀的？我會說，搭上出租車來趟名嘴導覽的city tour。出租車司機的說古論今，是北京最令人難忘的聲音，不知世界上還有哪個城市，有如此鮮活的城市導覽！

北京，堪稱最有中國特色的城市。

北京的中國味，不只是城內有紫禁城，城外有長城。即使是大使館區的西餐廳，也擺上鴉片床作裝飾，洋老闆更是帶頂瓜皮帽，滿口字正腔圓地叫嚷著「牛B」的京片子。

如果說，北京特色是中國特色的象徵，絕對不過分。但是提到北京的特色，出租車師傅（計程車司機）絕對是最鮮活的代言人。他們是北京最令我難忘的聲音。

首都北京，既然別號「首堵」，交通情況，絕非尋常。外地人不知情，往往以爲北京既然有地鐵，怎麼可能堵車？呵呵，你上網看看北京人對上下班擠地鐵的忠告：「擠地鐵的孩子得練武！」這可不是開玩笑，天天都是東京地鐵相撲選手推擠乘客的場面。有興趣體驗的人，奉告你先去香港找成龍拜師，學幾招成家班的絕活，再嘗試吧！

出租車師傅一路說古論今

所以，外地人出行，搭出租車還是較普遍的選擇。何況，北京出租車獨有的北京特色，値得一試。幾乎人人有台灣電視名嘴的聊天本領，上自國家大事，下至北京大學西門的烤翅，均能娓娓道來。

我有次從機場搭出租車進城，恰好碰上大堵車，隨口說了句，北京堵車愈來愈嚴重了。原本自言自語的開車師傅劉先生，如同聽到「芝麻開門」的通關密語一樣，立即拉開嗓門，像極了電台主持人，一路不停地說古論今。

劉師傅順著沿途路經的地點，如導遊般介紹，並加上別具個人特色的評論。剛開始的半小時內，我還興致地對談幾句。逐漸地，我應付不了他的談興，只能被動地回應一兩句，聊備一格了。一個半小時後，我幾乎只能被迫地，偶而回應點嗯嗯哦哦的鼻音，表示我是懂得感謝當地人熱情的外地人。二小時過後，我無奈坐在車後座，兩眼無神看著前方，一長排堵車的紅色尾燈，猶如無止境的一條長長的大紅龍，感到特別地無奈。

那次堵車，將近四小時，我才抵達城中心區域的建國門內預定飯店。下車時，劉師傅亢奮地表示交談過癮，還抄了電話號碼給我，提醒我有事隨時找他。後來，我還眞的找他帶首次赴京的台胞好友，作了次北京一日遊。

然而，經過那四小時的北京出租車司傅的耳提面命，打通了我通往北京的任督二脈。此後，北京城雖大，地方也不少；但就算沒去過，我也聽過了。要不是如此，我哪能在台胞老鄉面前，指出哪家路邊烤串是眞羊肉（因多數是假羊肉），哪家酒吧是影視導演聚集處，哪家書院是非富即貴的聚會地。呵呵，當然還有更多只能言傳，不能筆談的「吹牛B」。不過，「道」聽「途」說，登不了白紙黑字「立言」的媒體大堂。若有機會，再當面傳授八卦了。

化艱苦爲幽默的生活情趣

北京開出租車，其實日子並不輕鬆。網路上有一則「理解出租車司機」的貼文，道盡出租車司機的心聲：「早起的是，開出租和收破爛的。晚睡的是，開出租和按摩院的。不能按時吃飯的是，開出租和要飯的。擔驚受怕的是，開出租和販毒的。加班不補休的是，開出租和擺地攤的。加入了就很難退出的是，開出租和黑社會的。過節回不了家的是，開出租和正在勞改的。請珍惜身邊開出租車的朋友，因爲他們眞的很不容易。掙的是賣白菜的錢，操的是賣白粉的心，還時刻被人說『做你們這行最賺錢了』。」

生活如此現實，抱怨在所難免。但出租車司傅多數是北京當地人，有著定居「皇城」老百姓的生活哲學，大都有著苦中作樂及自我調侃的情趣。

如果運氣好，碰上從部級政府單位退休下來的老師傅，又恰逢他心情好、談興濃，這趟行程保證物超所值了。他們大都開車技術穩健，見多識廣，甚至幽默風趣。我有次搭上自稱原是高層單位退休司機的出租車，一路上高談濶論，從領導班子更迭的決策，談到北京風水，甚至領導人的隱疾，都說得繪聲繪色，彷彿他不是在現場，也是當事人貼耳相告。此趟行程堵車近二小時，直到目的地，我還在車上再聽了十分鐘，才意猶未盡地付錢下車。

如果你要追問，究竟有幾分可信？還眞是難說。不過，我主觀地以爲，精彩程度不下於台灣電視台談話節目。至於，眞實性就不要追究了，搭車聽八卦，忘掉堵車之苦，就已物超所值了。

搭出租車，遊北京的另類趣味

雖然，北京搭出租車，一堵起車來，碼錶跳得令你荷包減肥。但，我實在忍不住要再提醒一句，有機會來到北京，千萬別錯過搭出租車的說古論今。

今天的北京城，不缺歷史典故，但紫禁城沒了皇帝，少了老佛爺，尤其缺了臣妾甄嬛，逛起來實在空虛。北京城數不清的胡同，精彩故事肯定有的是；只是面對胡同巷弄邊，緊鄰矗立升空的玻璃大廈，細細品味歷史的情趣也淡了些。

這些年我到北京，一年不下十次，每次少則三、五天，多則七、八天，甚至半個月。我在北京的日子，總是無奈地抱怨堵車、空氣差和物價高。但是，一旦離開北京，過不了兩天，忍不住又要回味起「中國特色」的北京了。

那麼，北京有什麼值得我留戀的？按我的說法，搭上出租車來趟名嘴導覽的city tour。你說說看，世界上還有哪個城市，有如此鮮活的城市導覽！

出租車司機的說古論今，是北京最令我難忘的聲音！

四季如春的台北市，初秋也不免要淡粧出場。

法國城堡有著童話的繽紛色彩。

走進梵谷畫作翻滾的色彩

站在梵谷生活、作畫的奧維爾小鎮，站在他臨摹過的教堂前。我才知道，原來梵谷用色並不大膽，大膽的是這裡的天空和大地。那夜，我漫步離開時，暖黃的街燈，將我的身影拉得瘦長；墨藍天空的星星，閃爍得似要落下。那夜，我夢中只有黃色和藍色的童年。

城市的顏色，隨著季節更迭，有著萬花筒般的變化。

我習慣用味覺來回憶城市，我隨身的雜記本，也一一記著各城市令我難忘的當季美味，並用顏色來加強印象，如銀珠色的巴黎（冬季生蠔）、紅色的札幌（秋季帝王蟹）、綠紫色的南疆喀什（夏天的葡萄）、棕褐色的北京（冬季糖炒栗子）、黃色的廣東四會市（秋冬沙糖橘）……等等不同城市的美食顏色。城市的味道和顏色，如同種類繁多的起司一樣，不只各有風味，顏色也有差異，反映出不同產地的風土民情。

除了季節食物有著各自的代表色，城市的花草樹木，也隨著季節輪流展示不同的色彩，更是城市的首席彩妝師。

台北的春天百花齊放，好不熱鬧，但是萬紫千紅的喧囂，卻令人有些不安。我不安的是，過度繁雜的顏色，少了含蓄的優雅；相較之下，北京的春天在歷經寒冬後，從一片枯黃中掙扎而出的早春葉子，淺淺的嫩綠，清爽地掛在枝芽，反而更令我憐惜。

行道樹四季變化如萬花筒

一年四季中，我偏愛初秋的顏色。行道樹的葉子從一片綠色中，徐徐地跳躍出淡黃、鵝黃、淺橙、深橙、輕紅……，猶如印象派畫家畢沙羅（Camille Pissarro，1830-1903）的風景畫，顏色放縱得如打翻的染缸。即便是四季如春的台北市，初秋也不免要淡妝出場。我最喜愛台北市敦化南路初秋的色彩，尤其是下著細雨時樹梢上輕淡的繽紛，就像滴了水即將暈開的水彩畫。

北京是四季分明的北方城市，城市行道樹的顏色隨季節更迭，有著萬花筒般的變化。這裡的早春，樹梢掛著淡淡的嫩綠，有著破繭的活力，最令我雀躍；夏天的綠深得似藍，但顯得稍稍過滿，甚至急躁，就像日正當中的熾熱；到了初秋，輕柔的黃橙色，含蓄中有著留戀的不捨；深秋繽紛的火紅，浪漫得令南方人動容，但也顯得不安，或許因爲冬天緊接著就要來了；北京的深冬，行道樹幾乎光禿禿，顏色蕭條，漫長而沉悶，但在白茫茫雪地上踩出腳印來，總不免令我深深期待緊隨來臨的春天。

北京簋街紅燈籠高高掛

多年前第一次到北京，從飛機上俯視，大片灰土色中零碎地夾雜些許明亮的色彩。那時北京車少，高樓少見，亞運場館還在趕工，堵車當然是不可能的，連想像滿街的出租車都不太現實。

那是一個三月春的時節，白楊樹已吐出嫩綠，木棉花絮飄得如細雪紛紛。當年北京初春的嫩綠，在滿片的枯棕色中輕柔地點綴著淡淡淺綠，雖沒有驚艷的張揚，卻令人憐惜。

那種淡雅情趣，恰似每年十一月第三個星期四上市的法國薄酒萊新酒（Beaujolais Nouveau），入口清新柔順，自然地引出濃郁的果香，沒有層次豐富的香味，也沒有厚實的尾勁，只有直接的果香味和簡單的口感，但也正是那青蘋果似的青澀惹人憐愛。北京初春的嫩綠色，嗅得到青蘋果的青澀味，有著薄酒萊新酒似的、少女的羞澀。我的第一次北京行，顏色很粉嫩、清爽。如今的北京城，不再有那般閒散輕描的色調了。

近年北京車多人多、高樓林立，灰色漸漸成爲北京的日常顏色，但城市的色彩依然隨著時間，不停地變化。有一年冬天，連日大雪紛飛，北京城被厚厚地刷成一片白，走在雪地上，呼出的氣如同蒸氣火車頭冒出的煙。我在午夜走進簋街，那是人氣最旺的宵夜一條街，以麻辣鍋聞名京城。但見每家每店的火熱鍋紅，紅燈籠掛滿長長一條街。那夜北京城紅似火，恰似張藝謀導演的電影《大紅燈籠高高掛》。

童年記憶的黃與藍

小時候畫畫，我喜歡畫風景，尤其偏愛在畫紙上塗滿大片大片的黃色和藍色。因爲黃色和藍色是我童年的記憶。讀幼稚園前，我住在台中鄉下，有過一段赤腳奔跑在

梵谷作畫的Auvers教堂被裹在暖色調的燈光下，和整個天空的冷色調背景融合在一起。

鄉間田野的童年，至今我依舊能記得穿梭在油菜花田的黃色花香，也未曾忘懷成熟下垂的稻穗所編織出的黃金色大地。

早年台灣農村沒有工商業的侵犯，夜晚的天空是深深的墨藍色，院子的螢火蟲閃爍得如同頭頂上垂掛的星光，散發著淡淡的黃光。這個黃色伴著藍色的童年記憶，或許正是我對梵古（Vincent Van Gogh，1853-1890）畫作著迷的原因。初中的美術課第一次接觸到梵古的畫冊，《麥田》上傾斜撲地的黃麥桿潑灑出的那片慌亂的赤黃色，自然地帶我回到黃色的童年。

2012年，一個溼冷秋末的黃昏，我前往巴黎近郊的奧維（Auvers）小鎮，就爲了看看梵谷最後的棲息之處，這也正是他1890年過世那年作畫的地點。

走進梵谷畫作翻滾的色彩

那天，天暗得慢吞吞。我跟隨著小鎮上的路標，緩緩地尋覓梵古畫作的地點，一一對應畫作和風景。我穿過鎮上的小徑，吃力爬上彎彎的斜坡道，一抬起頭，直接面對的，正是那幢披掛五彩顏料的教堂。我繞過教堂正面，沿著溼軟的泥地，走過已收割的麥田，落日餘暉的光影躍動得逼人。當太陽下落，天空反而越來越純粹。當遙遠處，最後一抹暖色調消逝在漸變的天際時，眼前出現了淺藍的天空，漸漸地轉紫、再轉成深藍。藍到如此精彩，是我從來沒有的經驗，就像是一腳踏進了梵谷《星空》的畫布裡。

站在梵谷曾經生活、作畫的奧維爾小鎮，站在他曾臨摹過的教堂前，我才知道，原來梵谷用色並不大膽，大膽的是這裡的天空和大地。冬日的傍晚，教堂亮起了燈，教堂被裹在暖色調的燈光下，和整個天空的冷色調背景融合在一起。

這種冷暖的交鋒，帶我回到童年的記憶。眺望遠處地平線，暗藍轉黑的天際，彷彿梵谷的畫筆剛抹過畫布，留下一片翻滾的色彩。我突然感受到梵谷在畫布上狂飆潑灑「原色」的激情。那夜，我漫步離開梵谷的奧維爾教堂，暖黃的街燈將我的身影拉得瘦長；墨藍天空的星星，閃爍得似要落下。那夜，我夢中只有黃色和藍色的童年。

北京也有法國城堡童話般的繽紛

2014年十月，抵達北京的第一天，滿城灰茫茫，霧霾指標高達480的破表臨界點。那晚，整夜刮著大風。清晨起來，霧霾指標竟然急降到20！我急忙推開窗，眼前剎那間跳出滿天空的藍色，著實令人激動。

那天的北京，在灰茫茫中，急切奔出的藍色，強烈反差的對比，如夢境般虛幻。

那天的北京滿城盡是藍，即使是愛琴海的天藍水藍，都沒得比。我驚喜得有些慌亂，匆匆出門，毫無頭緒地四處遊走，只爲了記住滿城的北京藍。那天，我似乎看到梵谷在灰色畫布上，用刮刀厚厚地抹上跳躍的北京藍。

一周後的午後，我到東三環三里屯訪友，在西五街東段的使館區，無預期地撞見街道兩旁黃葉紛紛的銀杏樹。雖未到滿樹黃葉的時候，然而由綠轉黃、用力裝扮秋色的氛圍，卻濃得路人不禁停步，拿出手機留下北京初秋的黃顏色。我第一次感覺到，北京城也有法國城堡那種童話般的繽紛色彩。

那天，我東張西望地拍照，無意間竄進一條老胡同。行經一攤接一攤的水果市集，入秋橘子正上市，滿街攤子擺滿橙黃色，逆光的夕陽灑滿一地。我踏入這條閃爍著金燦燦的巷弄，第一次經驗了黃橙橙的北京城。

這次的十月北京行，我看見北京城放縱地塗抹了梵谷調色盤上的黃色和藍色。日後，我又多了一個來北京的理由，爲了梵谷的顏色，也爲了童年的色彩。

Part 6

移動餐桌

初次到重慶，車子剛進城，空氣中飄浮著花椒的麻辣味兒，
整座城就像是一個巨大麻辣鍋，我光聞到味道，都能感覺到腸胃麻辣到顫抖。
山東魯菜，堪稱色香味俱全，可惜山東人先敬酒三巡的禮儀，
我通常是醉得茫茫然，不知美味何在。

旅途中的美食

近年走遍大江南北，幾乎餐餐都面臨不同風味飲食的挑釁。若在無預期的情況下，品嚐到出乎意料的美味時，心中自然充滿不虛此行的滿足感。甚至多年後，城市記憶已模糊了，我依然記得旅途中美食的滋味。

我從小就挑食，一直對個人口味相當堅持，只要不合我口味，寧可餓肚子，也不勉強下嚥充飢。

久而久之，這種偏食的壞習性，竟然鍛鍊出對飲食的挑剔習慣，甚至不知不覺間，被一些胃口百無禁忌的朋友（也就是吃甚麼都滿意的好吃者）歸納成「美食家」。其實，這真是天大的誤會，我頂多只是倔強的偏食者，有所吃、有所不食而已。

我不太同意有所謂的美食「家」，因爲每個人口味差異甚大，難以有共識。世界各地的代表性風味美食，對於許多外國人往往避之唯恐不及，如中國臭豆腐、日本納豆、歐洲藍紋乳酪（blue cheese）……等。所以，好吃偏食而成「家」，等同於科學家、經濟學家等專家頭銜，未免有些沉重和嚴肅。我認爲有美食、而無美食家，寧可輕鬆稱這些偏食的好吃者爲「偏食客」。

大江南北挑戰味覺，各吃各的菜

中國幅員遼闊，菜系複雜，有所謂魯菜（山東）、川菜（四川）、粵菜（廣東、廣西東部）和淮揚菜（或稱蘇菜，江蘇）的四大菜系；也有所謂八大菜系，包括閩菜、浙菜、湘菜和徽菜。另外還有東酸、西辣、南甜、北鹹的說法。可見一人一張

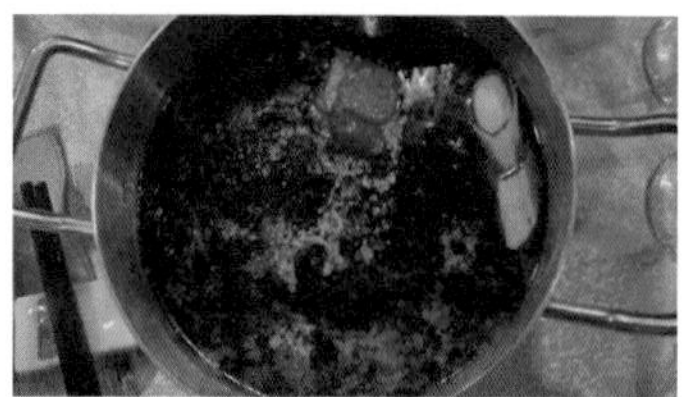
重慶麻辣鍋的花椒味，能令腸胃麻辣到顫抖。

特調的醬油醋汁，混合檸檬、蔥珠、蒜末和黃白兩種蘿蔔泥。

炭火烤得羊肉嗞嗞作響，烤熟一層、切下一層，邊烤邊吃，豪邁十足。

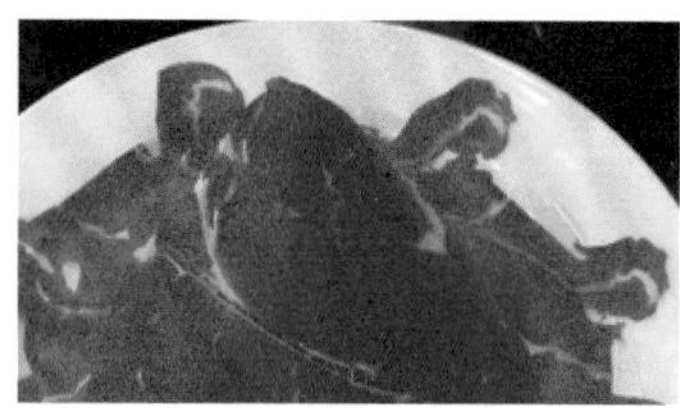
啤酒牛肉切得薄能透光，堆疊成三角錐形的立體狀。

上海紅燒肉略微甜些，但肉鬆皮軟，不油不膩，口味濃郁，肉香撲鼻。

個人對小菜的三項偏食標準：食材的香氣、醬汁的味道和擺盤的視覺效果。

口，各吃各的菜，的確是眾口難調呀。

近年來，走遍中國大陸的大江南北，幾乎餐餐都面臨不同風味飲食的挑釁。以下列舉的一些地方風味，偏食的我似乎是無緣消受。例如我初次到重慶，車子剛進城，空氣中飄浮著花椒的麻辣味兒，整座城就像是一個巨大麻辣鍋，我光聞到味道，都能感覺到腸胃麻辣到顫抖。

還有一回到湖南長沙講學，某天天未亮，即被友人叫醒，專程驅車100公里前往毛澤東老家韶山。中午，特別安排品嚐毛氏紅燒肉，我挾了一塊入口，如同吞了沾滿豬油的甜鹹肉塊，吃後三天都渴望只吃素食。

另外，有些美食只能想著、看著，但就是吃不著。例如雲南的菌菇湯，實在鮮美至極，可惜對痛風的我乃爲大忌，只有聞香流口水的份。還有山東魯菜，堪稱色香味俱全，幾次受邀赴宴，一桌筵席整整十八道菜，裝在超大份量盤子裡，重疊成三層高，光看就食慾大開。可惜山東人先敬酒三巡的禮儀，我通常是醉得茫茫然，不知美味何在。

小鍋涮肉，齒頰留香

然而，或許味覺考驗多了，竟然鍛鍊出對飲食百般挑剔的習慣。這種近乎雞蛋挑骨頭的習慣，反而激發起我不斷尋找異鄉美食的渴望。

既然口味各異，出門在外，若能吃到自己偏愛的美食，絕對是旅途中一大樂事。此外，我從小吃飯無肉不歡，一提到肉就特別亢奮。所以，以下就談談上海和北京兩地，我難以忘懷的大塊吃肉的餐館。

上海是中國最洋氣的移民大都會，是中外名廚匯聚的美食舞台，絕對少不了感動你舌尖的美食。但我要介紹的，不是裝腔作勢的米其林、也不是當地老饕趨之若鶩的名店。我推薦的地方店不大、名聲也不大，但若不預訂，絕對一位難求。我一向不喜歡吃到飽的餐廳，但這卻是一家吃到飽的日式涮肉小火鍋。

一家餐廳採取吃到飽的經營方式，通常不是食材粗糙，就是烹飪手藝一般，除了吃撐腸胃，毫無口福之愉悅。但吃到飽的「御香海」卻是例外，我尤其喜愛該店稱爲「啤酒牛肉」的霜降牛肉片。

他們家的啤酒牛肉，切得薄能透光，堆疊成三角錐形的立體狀，夾起一片，下鍋涮4秒立即夾起，沾點該店特調的醬油醋汁，混合檸檬、蔥珠、蒜末和黃白兩種蘿蔔泥，入口即化，吃得到牛肉的原味甜汁，保證令你齒頰留香。

在這種吃到飽的餐廳，面對如此甜美的涮肉，任何人都抗拒不了吃到撐的誘惑。可是我一定要提醒你，無論你能吃下多少盤肉，都要給胃留下一處空間，才不會有遺珠之憾。涮完肉片後，務必在熄火前，利用鍋底湯汁，倒下半碗飯，用小火熬成粥，攪拌一個生雞蛋，撒上少許的蔥珠和胡椒。唯有吃下這碗吸收食材美味的粥，這餐才算劃上完美的句點。這是我所知道，上海人氣最旺的涮肉小火鍋，幾乎天天大排長龍。

豪邁帝都烤羊腿，適配二鍋頭

帝王之都北京，當然也少不了高檔肉食。可惜的是，聞名中外的北京烤鴨並不見得勝過港台，這可是不少品鴨老饕的共識。若非當年尼克森的大陸之行，無意間免費代言了茅台酒和烤鴨，至少按照我個人的偏好，北京烤鴨是上不了榜。

每次到北京，我對友人邀約的喝酒攤，多少有些期盼；但對於北京美食，則少有憧憬。不過我對北京羊肉，倒是一直情有獨鍾，畢竟來自蒙古大草原的羊肉，在台灣可是聽得多，吃得少。

多年前第一次到北京，我在未改建的王府井，首次品嚐到東來順老店的涮羊肉（只可惜原址現已改建，原味也不復以往了）。那之後，我每次去北京總少不了造訪涮羊肉、也沒錯過烤羊肉串。羊肉可說是我在北京的主食了。

2015年四月，北京友人爲滿足我的羊肉情結，特別爲我安排了北京著名的烤羊腿：「張記烤羊腿」。

張記的本店位於安定門內大街的一條小巷子內，毫不起眼，還眞是只有內行人才能找到。分店則在向南十分鐘路程的街道口南街。不過你若問我究竟「張記」詳細地址在哪？我還眞是說不清楚。北京人一向只有方向，沒有明確門牌號碼。我的經驗是，搭車到安定門內大街，一路順著走，聞到烤肉味即下車，聞香尋覓，嗜食羊肉者，準能找到。

這裡的羊腿每份至少4斤左右（每斤人民幣48元），足夠四人分食。每桌均擺上一套特製烤肉架，羊腿串在烤架上，用炭火烤得嗞嗞作響，肉香四溢，饕客用細長的刀叉，烤熟一層、切下一層，邊烤邊吃，豪邁十足。在這裡吃烤羊腿，強調的是氣勢，羊肉不算最頂級，但氣氛甚佳。

說到吃羊肉，就必須喝上幾兩白酒，才能品嚐出北方大草原的風味。任何一款白酒都適配，但是最對味的是北京二鍋頭，尤其是本地人日常飲用的牛欄山品牌，是很好的選擇。我個人喜歡白瓶簡裝的牛欄山二鍋頭，稍嗆微辣，入喉勁道平順，猶帶回甘。天熱時，再叫上一瓶北京老品牌的北冰洋汽水退退火，挾一塊羊肉，一口牛欄山、一口北冰洋，絕對過癮，唯有正宗茅台酒能夠略勝一籌。

只要天氣是不雨、不風、不冷、不熱，還有霧霾缺席的日子，可要求老闆搬張桌子，擺在胡同巷弄上，老北平味就更濃郁了。

點石齋品味當年老上海

以上談的都是大塊肉、大碗酒，似乎有些口味重了些。其實，我也喜愛陽春白雪的清淡菜色。我在台北最喜歡的中餐廳是亞都飯店的「天香樓」，我特別喜歡那裡的東坡肉和種類繁多的小菜。

前些年初到上海長住，不太習慣上海本幫菜的甜膩，自然地會懷念起天香樓的滋味。有天，我在台商友人的帶領下，初次光臨「點石齋」，那時就喜歡上這家上海餐廳。從此，「點石齋」就是我在上海的「天香樓」；而「天香樓」則是我在台北的「點石齋」。

「點石齋」，光憑這店號，你就明白品味絕對不差。該店坐落於原法租界的一幢老洋房，當你一腳邁進大門內，如同置身在電影《色戒》的場景，思緒一下子就跌進張愛玲小說中老上海租界的年代。

一般上海本地館子，每道菜都像作甜品，就怕少加了糖。此店雖說是上海館子，但廚師用糖謹慎，甚至不太油、也不太鹹。最家常的上海紅燒肉，就不是一般上海人嗜食的甜鹹肉，雖略微甜些，但肉鬆皮軟，不油不膩，口味濃郁，肉香撲鼻。

我最喜歡「點石齋」的小菜，它符合了我個人對小菜的三項偏食標準：食材的香氣、醬汁的味道和擺盤的視覺效果。在這裡，我常點的有：寧波烤菜、鹹雞、鰻魚乾、熗黃瓜、醉蟹和馬蘭頭（季節性野菜）。這幾道小菜能媲美天香樓小菜，也受到台胞的青睞。但是，此處的另一道必點菜色「菜泡飯」，那就是天香樓吃不到的上海口味了。此外無酒不成宴，溫一壺當地的「石庫門黃酒」（註），是絕對不能少的，否則哪算是吃上海菜。

當你坐在「點石齋」的上海老式桌椅，環顧牆上懸掛的字畫，使用陶質碗盤用餐時，不必有人提醒你，你自然能感受到，此時時刻品嚐的不只是美食，更多的是品味當年老上海的風情。

這些年，每到一個城市，除了旅程的首要目的外，我另一個關注的焦點永遠是當地的美食。尤其，若在無預期的情況下，品嚐到出乎意料的偏愛美味時，心中自然充滿不虛此行的滿足。甚至多年後，城市記憶已模糊了，我依然記得旅途中美食的滋味。

註：

「石庫門」，為海派黃酒的代表性品牌。

土耳其菜融合了亞非歐三洲的飲食文化；前菜（Mezze）種類繁多，食材豐富,醬汁極有特色，是多元文化融合的典型美食。

不同產地生蠔的肉質、香味和口感都不同；品嚐多品種的生蠔拼盤，如同聆聽悅耳的交響樂，對嗜食老饕具有致命吸引力。

舌尖上的城市印象

如果用舌尖味覺來回憶城市的印象，秋天最難忘的城市味道，絕對非螃蟹莫屬。我舌尖上的秋天三大美味城市：出產大閘蟹的上海、帝王蟹的札幌和產萬里蟹的台灣萬里。

秋風初起，又到了吃蟹的季節。

古人蘇軾有詩云：「不到廬山辜負目，不食螃蟹辜負腹」。對我而言，未見廬山並不可惜，有蟹不食必然遺憾。

近年我在城市間移動頻繁，迷人的風光景致見多了，多少有些倦怠無感，但各地特產的美食卻很難忘懷。可以說，我的城市印象，很大的一部份來自舌尖的味覺記憶。而若如果要用舌尖味覺來回憶城市的印象，那秋天最難忘的城市味道，絕對非螃蟹莫屬。

我舌尖上的秋天三大美味城市，就是產大閘蟹的上海、產帝王蟹的札幌和產萬里蟹的台灣萬里。

今秋，陪同父母，從東京搭了九個多小時火車到北海道，只爲了吃札幌帝王蟹。說來是有些瘋狂，但品嚐美食一直是我旅行的重點目標，更何況父母也一直習慣搭火車旅行。我既然是伴遊的身分，只好順父母之所好，來趟一天換三班火車的鐵道之旅了。

從東京搭日本高鐵新幹線到新青森，車程約三小時；接著換乘特快火車，穿過津輕海峽，約二小時十五分鐘，就能抵達北海道南端的大城函館；然後再由函館搭特快火車北斗星號，約三個半小時，最終才抵達札幌。

在這趟食蟹之旅的途中，各火車站的販賣部，處處可見螃蟹產品的宣傳海報，一律印上火紅的螃蟹圖片，張揚舞爪、囂張地挑逗我的食慾。我的味覺記憶，也自然地回想起，這些年來在不同城市難忘的秋天品蟹經驗。

秋日瘋狂逐蟹潮，呼朋引伴

我生平吃的第一隻大閘蟹，在香港的一家五星飯店。席上擺妥吃蟹工具「蟹八件」，由專人桌邊服務，先支解蟹的兩隻大鉗及八腳，掀開蟹蓋，用不同工具精心地挖出不同部位的蟹黃、蟹肉，即便是蟹殼、蟹腿、蟹鉗的任何一處細小蟹肉也沒放過，最後又將蟹殼井然有序地拼回一隻完整蟹的形狀。

在這之前，我從未如此文雅、繁複地吃過蟹；事隔多年，我再也未曾有過同樣的吃蟹經驗。日前，據香港友人告知，近年香港遊客超載，餐廳不論大小，隨時大排長龍，閒情雅致的品蟹情形，早已消失了！

這幾年，我同時在台北和上海二城長住。每年秋天，在上海接待台灣親朋好友品嚐大閘蟹，已成爲我的「宿命」。2012年，當上海的樹葉顏色由綠轉黃、變橙時，一大家族的親戚呼朋引伴，從台北飛到上海。他們在電話中告訴我，要來體驗上海灘的生活；其實，人人心照不宣，大家全是衝著陽澄湖大閘蟹來的。

這全都怪我自己惹禍上身，在FB上炫耀大啖大閘蟹照片，因而招來這一大夥的吃蟹老饕。爲了應付專程到上海的一大群食蟹客，我提前一周，四處打聽食蟹的餐廳及批發蟹的地方。

家宴大閘蟹吃到飽

大隊人馬抵達上海的第一餐，安排在老字號的「王寶和酒店」接風。蒸蟹一端上桌，一人一對大閘蟹，公母各一，眾人眼睛一亮，個個展現火力埋頭猛吃，席間人人無語。大約四十分鐘後，眾人吃罷，才恢復老饕口水多的本性，七嘴八舌地評比大閘蟹的種種特色，當然不免要暗示、甚至明示意猶未盡的期待。我也立即表明，隔天家宴會來個「大閘蟹吃到飽」。

第二天一早，我到提前預約的陽澄湖大閘蟹批發店挑貨。店家預備了兩大缸的五兩蟹供我挑選。我精挑細選了四十隻五兩上下的蟹，公母全有，公大母小，個個張鉗舞腳，活奔亂跳。既然是大閘蟹吃到飽的家宴，當晚自然只有一道菜：清蒸大閘蟹。另外，除了必要的醬料、薑茶外，少不了要溫上幾斤陳年黃酒。

相對於前晚優雅的「文吃」大閘蟹，家宴的吃到飽就是所謂的「武吃」了。人人不用任何工具，抓起螃蟹，無論公母，直接就咬、啃、掰、嚼、吸、咽。這一場人手十指大戰大閘蟹雙鉗八足的家宴，足足歷時二個小時，直到蟹盡酒空，留下滿桌空的蟹殼、蟹鉗和蟹腳。平均每人啃了四到六隻大閘蟹，個個嘴酸手疼，舌頭、手指頭或多或少留下被蟹刮傷、刺傷的痕跡，恰好作爲回台炫耀吃蟹盛況的最好證據。

我用舌尖味覺來回憶城市的印象，秋天最難忘的城市味道，絕對是非螃蟹莫屬。

從東京搭九個多小時火車，只為了到北海道的札幌吃帝王蟹。

五兩大小的大閘蟹最是美味 。

萬里豪華海蟹宴，熱鬧十足

近年，台灣養殖的大閘蟹已逐漸打開市場。自從開放大陸遊客自由行後，迎接大陸友人到萬里品蟹，也成爲我秋天的必須行程，連上海友人來台，也曾主動表示希望品嚐的期望。不過，台灣蟹在大陸名聲最響亮的，要算是「萬里蟹」了。

所謂的萬里蟹，其實是萬里漁民在台灣近海捕撈的海蟹的統稱。2012年起，以萬里蟹品牌行銷的台灣海蟹，包括花蟹、三點蟹和石蟳。

花蟹的肉汁鮮甜，甲殼具有橘黃色的華麗斑紋，喜氣洋洋的視覺效果，是台灣人喜宴的最愛。三點蟹的肉質細膩，價格相對便宜，是海產店的主力商品。石蟳味道濃郁，肉質Q彈有咬勁。近日我亦陪同大陸友人品嚐了一次萬里蟹宴，當三種蟹一齊上桌，蒸、炒、烤、煮……等多樣吃法，那熱鬧的場面，眞可堪稱蟹宴之最。

師生慌亂烹蟹烏龍，慘不忍睹

2008年秋，我在廈門大學客座講學，當地友人從養蟹老家快遞一大箱螃蟹讓我嘗鮮。獨樂不如眾樂，我召集了幾位研究生高足，準備大家分享。我提供螃蟹，他們負責場所和烹煮。

幾位平日勤學的研究生，個個研究精神可嘉，先是討論烹煮的程序，再展開行動。他們決定先剪斷綑綁蟹身的繩子、再用牙刷刷淨螃蟹。不料一剪斷繩子後，掙脫而出的螃蟹四處逃竄，一場捕抓螃蟹的戲，在廚房中激烈演出。經過一番折騰，逃蟹一一落網。這個錯誤決策的代價是，也讓眾人雙手留下不少蟹鉗的齒痕。因此，他們臨場調整工序，不再一一刷洗螃蟹，而是直接放在水桶中用自來水沖洗，然後將蟹倒下鍋蒸煮。

但當蒸鍋中的水溫上升，掙扎的螃蟹將鍋子搖晃得震天響，大家不得不雙手緊按著鍋蓋。不久後，鍋內平靜下來，蟹肉煮熟的香味終於也飄出來了。可是，掀開鍋蓋時，但見滿目斷鉗殘足，無一完整，慘不忍睹。這就是君子遠庖廚的下場。

那次蟹宴，雖然蟹的賣相不佳，味道還是鮮美可口，畢竟鮮活才是品蟹的首要條件。不過，後來我就專程拜師蒸蟹達人，認眞學習烹蟹的基本功，預防日後重蹈虐待生物和暴殄美食的覆轍。

峇里島的「美麗誤會」，哭笑不得

有一年在峇里島旅行時，當地導遊安排的餐點實在難以下嚥。在第一天午餐後，我即表明自動無條件放棄所有餐點。導遊感到意外，且一再表示遺憾與歉意。接著，他表示隔天晚上安排的是海鮮大餐，保證包君滿意，而且餐點包括了螃蟹，希望我們不要放棄。

一聽到螃蟹，我興致來了，詢問起烹飪的細節。導遊因建議得到我的回應，甚爲亢奮，立即電話聯絡餐廳，溝通起如何煮蟹，最後協調出一隻蟹清蒸、一隻蟹炒薑蔥的作法，讓我高興不已，心中充滿期待。

隔天到了海產餐廳，當地海產一一上桌，品類豐富，的確值得品嚐，但我期待中的螃蟹卻遲遲未見。經詢問餐廳經理後，我恍然大悟，先前上桌的兩碟怪異「小菜」，就是所謂的螃蟹——因爲旅行社訂餐安排的是細小的軟殼蟹。如此誤差令我哭笑不得，不過我也一直納悶，廚師怎麼會同意將這種小如幼兒掌的軟殼蟹清蒸、炒蔥蒜？難道這也是一種「顧客是上帝」的服務業精神嗎？

常住香港的外國友人曾說，廣東茶樓可能是全世界最嘈雜的餐廳，唯有在吃大閘蟹時才能暫時鎖住掀天的聲浪。上海友人也曾自我調侃說，只有大閘蟹上桌時，才能封住上海女人的嘴。螃蟹上桌，無聲勝有聲，果真是螃蟹致命吸引力的最佳註解！

抵達城市的第一餐

抵達目的城市的第一餐，常如初戀般，總令我難以忘懷。如果恰巧又是第一次造訪的陌生城市，第一餐更是如同探奇之旅，既期待又怕受傷害。

人生的第一次總是難忘，譬如說初戀絕對忘不了，而抵達目的城市的第一餐，也如初戀般，總令我難以忘懷。

旅途中，我總是對抵達目的地的美食好酒充滿期待，常常多年後依然記得酒食的滋味，甚至成爲我記憶中的城市印象。

大陸一開放，我第一時間就前往尋奇，好奇的不只是長江、長城等山水古蹟，更嚮往大陸的美食好酒（尤其是美食作家唐魯孫的文章更對我影響深遠）。因而第一次到北京，安頓好住宿後，即在友人安排下直奔「東來順」，衝的就是唐魯孫筆下的涮羊肉。

龍井蝦米的經驗，百說不厭

當年大陸改革開放不久，公私合資的東來順，老店位於王府井大街，名氣雖大，經營卻如同公家食堂。

我們傍晚六點半抵達時，大廳只剩兩桌客人，桌面上是疊高的空盤和空酒瓶，顯然即將用餐結束。大廳靠裡邊的角落，椅子四腳朝天倒翻擺置在桌面，服務員正在拖地。當年北京人難得碰到台胞，破例接待了我們，重新煽紅炭火，準備涮肉炭鍋。服務員一邊清掃，一邊好奇詢問台灣情況，他問一句，我答一句，同時也忙著涮肉，一口肉，一口二鍋頭白酒，還不時挪動椅子，抬高腳，配合服務員清掃工作。

我的第一次北京涮羊肉，一個人涮了四盤肉，每盤半斤（250公克），足有一公斤。還喝了四兩二鍋頭，這是我第一次喝大陸白酒。此後，涮羊肉和二鍋頭，成爲我在北京和友人餐聚的常用詞。

前些年，老爸第一次到北京，期望能嘗嘗聞名中外的烤鴨和茅台酒。在北京好友的熱情安排下，他在北京的九天裡光顧了六家不同的烤鴨店，喝了不少所謂的正宗茅台酒。日後，他不太記得故宮、鳥巢、頤和園等景點，倒是津津樂道北京烤鴨，還有眞假難辨的茅台酒。

1990年春，老媽第一次到杭州。她喜歡台北亞都飯店天香樓的杭州菜，抵達第一餐特別點了龍井蝦仁。菜一上桌，蝦仁竟然細小如同蝦米，她當場傻眼，堅持是送錯了。日後，每回餐桌有蝦時，她總要興致高昂地分享她的龍井「蝦米」經驗。四年前，全家又去了杭州旅遊，刻意品嚐不同餐廳的龍井蝦仁。雖各店廚藝有所差異，可是蝦仁業已長大，非昔日的蝦米了。不過2015年春節，全家團員時，她依然百說不厭地分享她在杭州的龍井「蝦米」經驗。

難忘箱根服務員的貼心

2015年二月到日本旅遊，一早從東京出發前往箱根，雨就下個不停，中途在小田原換車，順道參觀小田原城，然後再轉乘登山火車到強羅。

我抵達強羅時，已錯過午餐時間，走出火車站，雨勢下得更急更大。我又溼又冷又餓，急著尋覓果腹的地方，偏偏淡季雨天，多數餐廳不是休息、就是提早午休，在大雨中奔走尋覓許久，連一家可果腹的速食立麵店都找不著。

就在要放棄之際，遠處林園中突然出現了餐廳的招牌，狀似值得嘗試。在天冷雨大的催促下，我加快腳步跑過去，但見身著和服的服務員打著傘快步迎過來，貼心地接我進屋內，並接過我溼淋淋的雨衣和背包。我看了一眼菜單，表明要用中午定食。

他看了一眼牆上的掛鐘，顯示著二點半，有點爲難，但依舊進廚房商量去。

不久，主廚特別出來表示，中午定食是完整的懷石料理，用餐時間至少要一個小時，此時已來不及提供正式的餐飲。主廚一再表示謙意，還主動表示可以特別爲我提供三明治、甜點和咖啡等簡食。最後，在他的熱心協助下，替我安排附近約100公尺外的麵館用餐。最令我感動的是，當我致謝要離開時，接過服務員遞還給我的背包和雨衣，已經被擦乾了。

我到小麵館吃了碗熱呼呼的拉麵，上網一搜，才發現剛剛意外竄進的不是一般餐廳，竟然是箱根著名的高檔懷石料理餐廳「花壇」。於是，我專程再度折返，預定隔日中午的懷石料理。

隔天中午的料理，沒令我失望。花壇室內擺設簡單，風格卻典雅，窗外雨滴浮在枝葉的嬌柔，尤其令人心醉。平時中午不喝酒的我，忍不住點了一壺清酒，直到下午三點，才帶著滿滿的醉意離去。至今，我依然忘不了服務員擦乾背包的貼心。

難忘主廚要求重作主菜的表情

有一年，全家赴歐旅遊。第一站抵達維也納，當晚在提前預定的著名餐廳用餐。我們主菜點了主廚推薦的維也納煎牛排，是用小牛肉裹麵包屑油煎的當地美食。但或許是長途飛行的時差，人人食欲不佳，更可能的原因是維也納食物的口味濃厚，讓習慣清淡口味的家人鹹到難以下嚥，不停地大口喝酒、灌水。

那幾乎未動的主菜被收回廚房後不久，主廚出現在我們桌前。他認眞地了解狀況，然後堅持要免費重作任何我們指定的主菜。離去時，主廚親自送我們到門口，並再次叮嚀，他可以提供客人期望的最好食物，希望下次再讓他服務。多年後，煎牛排的口味早已淡忘，重新加點的主菜也不再記得，但主廚站在桌前嚴肅地要求重作主菜的表情，至今難忘。

另一次，爲了參觀上世紀美國報業大亨赫斯特（W. R. Hearst）位於加州的城堡，前一晚投宿在聖西門（San Simeon）小鎮。當晚，在小餐館用餐，我連續退回兩次牛排，第一次是牛排中間仍舊冰凍，第二次是外部已烤成焦炭。後來一位學生模樣的年輕人，沮喪著走到我的餐桌前求饒，因爲廚師臨時請假，他只是跑堂送菜的臨時工。最後，我們點了他唯一會作的火腿起司三明治。這頓無奈的晚餐，卻是我對赫斯特城堡最鮮活的記憶。

2015年冬天，到日本江之島旅行。雖然天冷不適合海灘玩水，但在陡峭山崖邊看夕陽，倒是不錯選擇，因此專程前往。可是冬季太陽一下山，天色馬上轉黑，溫度隨即急降，回程凍得直打哆嗦，加上趕路錯過午餐，眞是飢寒交迫。因而回程途中，眼前出現的第一家料理店，沒想太多就決定先塡飽肚子，再坐車回東京。

我匆匆翻了翻附有照片的英文菜單，直覺地點了該店人氣第一的當地特產魩仔魚飯定食。飯菜上桌不到一刻鐘，我便一掃而空，連白飯都吃得一粒不剩。回東京的火車上，我因一念之差，未買當地伴手禮的魩仔魚，事後扼腕不已。我告訴同行友人，

冬天到日本江之島旅行，雖然天冷不適海灘玩水，但在陡峭山崖邊看夕陽，倒是不錯選擇。

細膩的擺盤是高檔餐廳令人驚艷的必備條件。

日本江之島當地特產魩仔魚飯定食。

第一次造訪的陌生城市，第一餐更是如同探奇之旅，既期待又怕受傷害。

旅途中難忘的美食。

下次再來江之島，夕陽留影歸你，魩仔魚美食留給我。

陌生城市第一餐，既期待又怕受傷害

目的城市的第一餐，固然充滿期盼，如果恰巧又是第一次造訪的陌生城市，第一餐更是如同探奇之旅，既期待又怕受傷害。

1983年冬，我首次到香港的第一餐，最先端上桌的是熱騰騰的羹湯，上面撒滿菊花瓣和檸檬葉，清香撲鼻。服務員用廣東話介紹菜名，不懂廣東話的我，聽著像是菊花肉羹。我喝了一口後發現肉細湯鮮，連喝兩碗，還豎起大姆指表示讚許。隔日才知，那潤滑纖細的「雞肉絲」竟是蛇肉，那道菜則是香港人喜愛的「菊花燴蛇羹」。雖然，我當下驚嚇不已，腸胃卻也無特別反應，恐怕是早已消化了。爾後，我到廣東一帶餐廳，總是弄清上桌菜名，才敢下筷。

1989年秋，我初到西安，偕同友人在馬路邊的烤串攤，吃羊肉串、喝啤酒。羊肉串用細長鐵籤串起來炭烤，隨烤隨吃，吃完再數鐵籤數量算帳。不料半夜，友人整晚拉肚子、一夜未眠。我雖一人吃了50串羊肉串，一半瘦一半肥，灌了兩罐不冰的啤酒，卻安然無事。這是我第一次路邊攤烤串，至今依然回味一角錢人民幣一串的炭烤羊肉串。近年，再到西安，城市重建一新，已找不著路邊的炭火烤串攤了。

1983年夏，我初訪東京，報社友人安排當地居酒屋接風。不懂日文的我，看不懂菜單，任憑主人安排，反正菜一上桌就吃。直到有一小碟拉絲的黃色粘糊狀東西，帶著發酵的異味端上桌。我看了一眼，稍有些疑惑，舉起筷子又放下。主人一時興起，挑釁地打賭說，如果我吃光它，他連請三天客，否則明天我請客。

喝了兩杯燒酒的我，乘著五分醉意、五分酒興，二話不說，一口氣吞嚥下那小碗粘糊的「納豆拌金槍魚」。卻也從此喜愛上納豆，就如同我第一口品嚐即成癮的臭豆腐、藍莓起司、鯷魚（anchovy）等部份人認爲有異味的美食。

主人醉客，不知何處是他鄉

年輕時第一次到布拉格，投宿在老城區旅館。晚餐在當地小酒館，生平第一次喝當地的Moravia紅酒，口感辛澀，然而搖曳燭光中的紅酒讓人不喝也醉。餐後，酒館主人極力推薦當地的Lager啤酒。我第一口下喉，感覺口味厚重而爽口，不知不覺間豪邁地喝起來，直到酒館打烊，我才醉意滿滿地離去。

當夜我搖搖晃晃踩在鋪著鵝卵石的巷道，穿梭行經中世紀的建築，街燈將身影拉得長長的，我不覺地哼起音樂劇《悲慘世界》（Les Miserable）的曲子《與我共飲》(Drink With Me)：「與我共飲，敬那消逝的歲月，敬那過往的生活。讓友誼的酒，永不枯竭，這杯敬你，這杯敬我」。當夜夢中我揮之不去的，竟是李白《將進酒》中的名句「會須一飲三百杯……惟有飲者留其名……」

這樣的情調，後來在2000年我首度造訪烏魯木齊，又再次重現。那次飛機誤點，抵達已近午夜十二點，一行八人抵達友人接風的高檔餐廳，主人安排了烤全羊的盛宴。羊頭繫上紅色彩綢的畫面、廚師現場片肉的精彩刀工，至今歷歷在目。服務人員推餐車，繞著大圓桌轉，請客人持刀吃肉，熱鬧猶如廟會。席間主人持托盤倒酒兩杯，由客人任選一杯互敬，再換客人倒酒二杯，由主人任選其一互敬。

如此，周而復始，恰是李白《客中行》的場景：「但使主人能醉客，不知何處是他鄉」。

Part 7

移動藝術

離開愛丁堡的那個早上，天上飄著細雨，讓人感到濃濃的悵然不捨，就如同童年遊樂場即將關門前那種難捨情緒。

我放不下的不是愛丁堡，而是大街小巷一張張歡樂的臉龐。我不自覺地對自己說：「我會再回來！」

走在大街上，就是走進劇場

藝穗節是非主流性的舞台，大多數的演出都沒有正式演出場所，而是街頭的免費表演。不管是公園、車站牌、大樹下、陽台……，甚至廁所，只要是空間，就可能遇見意料外的驚艷演出。

我從小就喜歡上街，每到一個陌生城市，只要一進入鬧區街道，都有著去劇場看演出的期盼。無論是穿著休閒或盛裝出門，總是很自然地在心裡營造亢奮的心情，期待一場精彩演出。因爲街道是城市的舞台，街上上演的是一幕幕鮮活的眞實人生，遠比莎士比亞劇場更能打動我的心。

走在大街上，就是走進劇場。正因爲人人都上街了，大城市街道很自然成爲一個大劇場——一個自由、開放、公開的劇場，人人都可在舞台上縱情地展示自己，既是觀眾、也是演員。

如果說大街是舞台，那麼大城市就是劇場聚集的百老匯了。尤其是那種無論日夜晴雨、街上永遠不缺行人的不夜城，就是一座晝夜不停演出的大劇場。

台北也是一座不夜城，不過可惜的是，缺少特立獨行的性格，雖然有著小家碧玉的細膩，但卻內斂得有些害羞。台北市國際化不足，街景也顯得單調。街上的行人穿得太有模有樣，個個如同剛從品牌服飾店的更衣間走出來，雖然得體，但無個性，缺少國際大都會的多元色彩。同時，台北人也缺少在街道上展現自己的自信。台北的大街，雖是一張百聽不厭的唱片，但只有一再重播的老歌，不免遺憾。

胡同酒吧少不了高談闊論的聚會

大陸城市的街道，永遠人山人海，像煮沸的開水壺喧囂不已。如上海南京東路的步行街、外灘，從不缺人潮；北京王府井，也是人滿爲患。但熱鬧之餘，似乎還少了些什麼？這可能是因爲大陸城市的街上，人們上街多半只是單純湊熱鬧的觀眾，而沒有上街展示自我的想法，缺少了一種「穿新衣、戴新帽」，盛裝參加廟會節慶的愉悅氛圍。

反之，離開了大街，大陸居民就如同川劇變臉，變得多彩多姿了。因此，我很少在大陸城市逛街，反而更喜歡鑽進巷弄、胡同的室內場所。如北京各式各樣的酒吧，尤其藏身胡同的酒吧，永遠少不了高談闊論的聚會，天天上演煮酒論天下英雄的戲碼。上海老租界的洋房，多數已重新裝潢成餐廳、會所，出入的人不一定有趣，但穿著打扮多少帶著裝模作樣的海派腔調，十足的秀場氛圍。

如果大街上有的是觀眾，而少了演員的表演，這大街舞台的戲就唱不了。街頭藝人是城市大舞台不可缺少的必要演員。這些人也許不是主角，但絕對是城市舞台上，不可缺少的綠葉。

街頭意外的演出，令人動容

街頭演出往往能帶來熱鬧，但精彩的演出，一般不多見。有一天午後，在莫斯科市街上偶遇的一次演出，至今回想起來依然令我動容。

1980年代末，共產的蘇聯即將解體，莫斯科市的經濟幾乎崩潰，居民紛紛走上街頭，帶著可交換的物品尋找以物易物的機會。那時我第一次到莫斯科，圍繞在陌生人喧騰嘈雜的叫喊聲中，周遭瀰漫著緊張和不安的情緒，我幾乎不敢接觸任何眼神，就怕有人找上我，要求交易物品。

任何人走進愛丁堡藝術節，都成了這場大戲的演員，都能盡情放縱演出自己的角色。

倫敦假日廣場上的噴泉是小孩最愛的遊樂場。

雪梨同志遊行是色彩繽紛、造型多姿的派對。

愛丁堡藝穗節大大小小上千場的表演，總有吸引你的演出。

我低頭快速穿過人群，直到大街盡頭，才放緩腳步。當我一抬頭，就看到一位瘦弱的中年婦女在街邊立起腳尖，表演芭蕾舞的基本動作，腳邊的小木盒裡有些許零錢。

或許是因爲上了年紀，或許是因爲街上場地不適宜，這個婦女的演出不算精彩。但她的每個動作都是如此肯定、臉上表情是如此專注；還有眼神，也是那麼地執著。我不自覺地停下腳步，欣賞這場意外的演出。最後，她結束表演，深深彎下腰、高高舉起右手，大幅度地比劃了誠意十足的致敬禮，那種微微揚起下巴的自信，讓我不禁爲之傾倒。我忘情地叫著「Bravo！」，用力地鼓掌，而她便在掌聲中，面對觀眾緩緩後退，每退幾步，就來個優雅的謝幕姿勢。我就這樣目視著一路倒退的她，每三、五步就作個謝幕致敬的身影，直到消失在大街盡頭。

地鐵站偶遇愉悅的演出

前些年，我曾頻繁進出上海地鐵2號線的靜安寺站。在接近某一出口的台階上，永遠有位盲人老爹坐在那裡拉著二胡。每當我在二胡伴奏聲中走出地鐵口，炎夏的陽光似乎添了幾分凌厲，而雨天的溼冷也更加蕭瑟。

有時，我會看到老爹就著白開水啃饅頭；有時，也會有旁邊地攤攤主和他熱情招呼。不管二胡聲多麼淒涼，也不管他低沉的嗓音多麼不飾雕琢，他的嘴角總是在那剛勁有力的白色短髯鬍兩旁使勁上揚著。我很少打開錢包給街頭藝人，但經過這位老爹時，我總會不時掏點錢，大概是因爲他散發著一種微小但激動人心的力量吧。

同樣是地鐵站，2012年冬季在巴黎時，每次早上經過Conrad地鐵站，都會遇到一個熱鬧的樂團。那是迄今爲止，我見到過陣容最龐大的地鐵藝人團。他們像是剛從某個交響樂表演場下來的組合，七八個人一字靠牆排開，各種樂器聲交織在一起，經過旁邊時，感覺就像在愉悅的氛圍中，享受一頓豐盛的美味早餐。

這個樂團和上海靜安寺老爹不一樣，他們更爲輕鬆，好像只是爲了找個人多的地方練團。路人給不給錢，就隨著當時的心情吧。再說，我也覺得，對於表情木然的巴黎人來講，多一些偶遇的愉悅，也是好的吧。

專注聆聽的小狗，宛如忘我的樂迷

相對於人多熱鬧的團體，有時一個人雖然單薄，卻也不寂寞。巴黎的巴士底市集（Marché Bastille），位於巴士底廣場旁，可買到各種新鮮美味的食材，是市區最令人嘴饞的市集，也是我在巴黎時最常去的市集。

有回走到市集的出口，看到一位老婦人，拉著自製的「樂器」，製造一些毫無節奏的聲響。嚴格說來，她不是在演奏音樂，那把發出聲音的玩意兒也算不上是樂器，但她的動作十分賣力，表情絕對認眞，「演」奏的氛圍不輸演奏廳。她製造的聲響，似乎沒引起太多人注意，但靜坐在她身旁、側身仰望她的那條小狗，倒是吸引了不少關注的眼神，有不少人掏錢放進小狗旁的紙盒。

這條狗兒背對著聽眾端坐，動也不動，那專注聆聽的姿態宛如忘我的樂迷。她和牠彼此互有對方，變成一個組合；而只要是組合，那怕是一個人加一條狗，也絕對不寂寞。

街上藝人的演出，是眞實的人生，所以感人。因而，我不喜歡紐約時代廣場上那些穿著蜘蛛人、蝙蝠俠戲服，拉著遊客照相強索小費的「異」人。當然，我也一樣排斥北京長城、西安城牆和大陸其他城市，那些穿著古裝戲服強拉遊客照相的場景，總覺得太過刻意、牽強的裝扮，破壞了大街舞台眞實的人生戲碼。

熱血沸騰的同志遊行，盛大嘉年華

但有一種特別「有備而來」的街頭遊行活動，則令人熱血沸騰、甚至血脈賁張，除了隊伍中的團隊精心策畫，連旁觀的觀眾也是有所準備。

2014年三月與六月，我分別在雪梨跟紐約，巧遇兩個城市一年一度的同志大遊行，就是扣人心弦的街頭演出。雪梨同志遊行（Sydney Mardi Gras）至今已有36年歷史，可說是色彩繽紛、造型多姿的狂歡派對。它的參與者來自全球各地，裝扮著五顏六色的羽毛、閃閃發光的飾物，讓人目不暇給，堪稱全世界最能發揮想像力的創意活動，可看度百分百。

始於1970年的紐約同志大遊行（Pride Week），歷史更是久遠，它已不再只是爭取人權的活動，已是紐約一項傳統的節日，並且獲得大企業及政府的贊助支持。遊行當天有大型花車，還有專業的DJ、舞者、藝人參與的舞蹈和音樂演出，猶如隆重的嘉年華會。

2014年的遊行，紐約市長和州長都親自帶隊參加，包括大百貨公司Macy、航空公司DELTA、網路公司FB、Google和Yahoo、銀行CitiBank和HSBC、紐約大學、媒體、警察局、消防局以及各個大小教會都組團參與。街道兩旁的觀眾，有不少人都是有備而來，攜家帶眷，包括貓、狗全家總動員，配戴著支持的彩虹手環、徽章、絲巾或帽子，身上黏著彩虹貼紙，揮舞著支持的旗幟、招牌，現場歡樂指數破表。這一場猶如迪士尼卡通的歡樂遊行，的確是一場令人「引以為傲」（Pride）的慶典。

愛丁堡藝穗節，開放多元的街頭演出

此外，還有另一種有計畫、有組織的街頭演出，更令人興奮期待！

2013年八月，我專程趕到蘇格蘭的愛丁堡（Edinburgh）。因為八月的愛丁堡，有三場國際級的文化活動同步拚場，那就是鼓號喧騰的「軍樂節」（Edinburgh Military Tattoo）、蘇格蘭人引以爲傲的文化旗艦「愛丁堡藝術節」（The Edinburgh Festival）、以及非主流舞台的「愛丁堡藝穗節」（The Edinburgh Festival Fringe）。

八月的愛丁堡，是眾星雲集的藝術舞台，不愁看不到主流大咖的經典演出。但我此行的眞正目的，乃是爲了參加非主流的「愛丁堡藝穗節」。

愛丁堡藝穗節比愛丁堡藝術節提早一周舉行，是爲藝術節拉開序幕的外圍藝術活動。相對於正式的藝術節，藝穗節是非主流性的舞台，大多數的演出都沒有正式演出場所，而是街頭的免費表演。不管是公園、車站牌、大樹下、陽台……，甚至廁所，只要是空間，就可能遇見意料外的驚艷演出。非主流的演出，與空間屬性相呼應，它的表演也更自由、更開放，甚至更有創意。

在傳統概念裡，藝穗節是一種包容「異端」、鼓勵創新的活動。但其實，主流或非主流，只是時間先後的問題罷了。當年反叛的莫扎特，是今日的古典；叛逆的披頭四（Beatles），也成了流行經典。藝術表演的事，誰也說不定，今天雖然在街頭，明天或許就上了殿堂。

繆思鐵粉的約定，我會再回來

八月的愛丁堡，大街小巷全是自由、開放演出的舞台。整整一個月的藝術饗宴，包含大大小小上千場的演出，雖不見得都能吸引你，但是從早晨到深夜，穿梭在街頭巷尾的人潮，不時有令人眼睛一亮的驚喜。

如果說愛丁堡是繆斯的舞台，那眞正的主角就是世界各地蜂擁來尋找眞、善、美的參與者。他們是繆斯眞正的鐵桿粉絲。任何人走進愛丁堡，都成了這場大戲的演員，都能盡情放縱演出自己的角色！

我離開愛丁堡的那個早上，天上飄著細雨，讓人感到濃濃的悵然不捨，就如同童年遊樂場即將關門前那種難捨情緒。我放不下的不是愛丁堡，而是大街小巷一張張歡樂的臉龐。我不自覺地對自己說：「我會再回來！」

2013年離開愛丁堡前，我在火車站碰見來自紐約的表演團體，他們喊著口號、舉著「明年紐約見」的招牌，亢奮地與遊客一一擊掌、約定在紐約相見。而今年2014年，我來紐約了！我將穿梭在紐約大街小巷，參與8月8日拉開序幕（直到24日）的「紐約國際藝穗節」（Fringe NYC），置身於紐約的全城大公演！

在北京邂逅達利

雖然大門外是撲鼻的霧霾，但北京購物中心的達利，實在令人驚艷。雖然對空氣汙染束手無策，但能夠大大方方地將達利真跡擺在商場走道上，任來客品鑒，你不得不豎起拇指叫一聲：「北京真牛逼！」

北京是中國首都，但天天堵車，堵成了「首堵」。空氣也幾乎天天亮紅燈，列名「霧都」。北京人自嘲：我們北京「帝都」，就是「內霧府」，在「內霧府」裡的男生，都是「霧人子弟」，女生就是「塵妾」。

網路上一段順口溜如此形容：「北京，一個外地人覺得厭惡，又嚮往的帝都。北京，一個北京人覺得無奈，又自豪的帝都。」厭惡也好，無奈也好。總之，北京人離不開北京，外地人嚮往著北京。中國人自豪有北京，外國人迷失在北京。

北京是大陸人嚮往的「帝都」，人人以爲到了北京就可以完成「中國夢」。哪知道，完全不是這麼一回事，不知不覺間，自己就成了「北漂」（在北京求發展的外地人）的一分子。

北京成就了北漂文化人的夢想

目前住在北京的攝影師張博鈞說：「剛從洛陽到北京時，以爲自己和北漂的他們不一樣，忙著到處拍攝各行各業的北漂。可是，今天靜下心來，看看自己，不也正是他們中的一分子」。張博鈞最近一次的個展「我們」系列，站在北京火車站的天橋上，向下拍攝火車站的人群，影像呈現出東張西望的茫然，張力十足。他說：「它既是我們，也是我們的」。

在中國搞藝術，哪能不上北京？到了北京，又有哪個能不北漂著？或許正是這種不確定的北漂，中國各地搞藝術的，如飛蛾撲火般撲向北京。

我總覺得北漂的文化人，有著紐約曼哈頓後巷的生命力。他們來自中國各地，不同背景，但同樣都懷著夢想。跨行跨業搞藝術的很普遍，像極了1970年代的紐約。

今天北京文化圈的形成，正是北漂文化人創意匯聚的因，所形成的果。因此，很自然地，時尚搭上了藝術，商業搭上了創意。北京也因而成就了文化人的夢想。

既然北京是中國文化人匯聚的圈子，不談談北京的藝術，就太對不起北京濃厚的文化底蘊了。但是別誤會，我可不是要談美術館或藝術中心；當然，也不是中外聞名的大山子區「798」藝術區，或是近鄰的「草場地」藝術區，或是遠在通州的宋莊。那些地方都太老生常談了，隨便找本旅遊書，都能看明白。

我要引領大家去的是一家購物中心，而且是絕對能讓你敗家的那種頂級國際名牌商場，就是位於CBD的東大橋路西側的「僑福芳草地」。

時尚商場，達利迎客

這家位於市中心時尚名品商場的藝術窩，我還是和一位熱中瞎拼名牌的女士閒聊中，無意間獲悉。尤其聽到達利（Salvador Dali，1904-1989）的作品，就擺在購物中心的走道邊展示，而且還不只一件。當下，我就控制不住達利的召喚，顧不了當天「首堵」的霧霾，搭上出租車，從城西向城東，穿過大半個北京城，直奔東大橋路的「僑福芳草地」。

這是一座造型時尚的建築，採用金字塔形狀的透明膜材外罩，巧妙地連接四幢塔樓成一體，展現了十足的藝術腔調。

大門口的正面，是一座超級碩大的達利人像雕塑。任何人都忍不住要湊近瞧得仔細些，但抬頭仰望，也不得窺見全貌。最終不得不一步一步地後退，直到保持一定的距離，才能看見這座巨霸的達利。正面的旋轉門，也是難得一見的超級大尺寸，也似乎如此，才能配合門外的達利巨型作品。

41件達利真跡，左右相隨

一踏入旋轉門，轉進了巨大的Mall，迎面而來，立即抓住我視線的是，中國現代的觀念藝術家王魯炎的不鏽鋼作品「被鋸的鋸」。這又是一座龐然大物的雕塑作品，剛猛的撼動力，震開了我尋求更多作品的慾望。

一抬起頭，離正門左手邊不到十公尺，正矗立著達利1974年創作的「可怕的臉」（CARA MONSTRUOSA）。在百貨商場遇到達利，雖然不是第一次，但這裡可不是僅有一件達利。

沿著時尚名品店走道一路逛下去，不時和達利相逢。我尋覓到的達利，印象中有「加拉・德芙麗娜」（GALA GRADLVA，1974）、「雙子座」（GEMINIS，1974）、

「女人體」（FIGURE，1974）、「聖喬治」（SAN JORGE，1974）、「動臂」（BRAZO MOVIL，1974）、「海洋寓言」（BROCHE DE OKINAWA，1974）……多到記不清楚了。據服務人員介紹，這裡共有41件達利的眞跡作品。此外，走道上更同時交錯擺置了許多當代中國藝術家的作品，總計加起來，有八百多件藝術品。

中國現代藝術伸展台，百感交集

建築物內還搭了天梯，當然這又是一條超級長的天梯。天梯不只用來連接空間，最主要還是作爲擺置、吊掛或展示各種各樣的藝術品之用。不只如此，十樓的展覽館內，還有兩個相接連的大展廳，總面積共四千多平方公尺，當天正在展出著名策展人巫鴻策劃的王魯炎個展「圖·寓言」。

巫鴻充分運用偌大的展覽空間，展出王魯炎近年創作的裝置、壁畫、雕塑、繪畫和設計草圖，營造出巨大、冰冷、空曠的形式，巧妙地襯托出王魯炎的藝術觀和獨特的藝術方法論。

展覽廳挑高的巨大牆面，掛上王魯炎的「轉身的哺乳聖母」（2010）。藝術家用布面丙烯材質來創作，營造冰冷與傷害的視覺，令人顫抖。畫中母親的鋸齒鋸入愛子的身體，使愛變成傷害。達芬奇創作的「哺乳聖母」，將宗教中聖母的愛，轉變成人性中普遍的母愛；王魯炎卻逆向將達芬奇的畫作轉了身，使哺乳聖母的人性，轉向泯滅人性的工業性。對應時下北京的霧霾，的確令人傷感。

關於販賣的頂尖藝術

「僑福芳草地」是一個高端的地方，綜合了頂級名牌商場、五星飯店、超高檔寫字樓、電影院和美食餐廳，一切都是精緻的設計。既使是商場中四處擺放的垃圾桶，一組四件分成「不可回收」、「金屬」、「紙」和「塑膠」四類，我也特別喜歡，欣賞了好一會兒，考慮是否該詢問服務中心，洽購一組回家。最後，我強忍下了那股占有垃圾桶的莫名慾望，原因是怕日後成爲大家閒聊的垃圾笑談。

不過，就算不提垃圾桶，我也一定要提醒大家，務必使用一次廁所，就算沒需要，也值得參觀一下。廁所不只有免費衛生紙，還是自動感應沖洗的馬桶，絕對是五星飯店的貼心。當然，達利都能大方擺在商場走道上，不就是對來客的尊重？畢竟藝術的境界，是超越政治、經濟、社會的框框，有著更大的包容和期望。

那天，我猶如置身在頂尖的藝術中心，久久捨不得離去。直到打烊關門時，才被管理人員請出去。離去時，我都很難相信來的是銷售名牌的精品商場。

雖然大門外是撲鼻的霧霾，但北京購物中心的達利，實在令人驚艷。北京雖然對空氣汙染束手無策，但能夠將達利擺上了商場，你不得不豎起拇指，叫一聲：「北京眞牛B」（也可寫成牛逼。北京人一般使用來表示：強、厲害、了不起！）

街頭塗鴉：城市的心跳聲

塗鴉的「在地性格」，訴說的是城市當下的故事，展現的是城市未來的想像。每個城市的塗鴉，都象徵著當下的城市性格，如阿姆斯特丹的叛逆，巴黎的時尚，紐約的多元，倫敦的顛覆……。這些鮮明的城市性格，官方旅遊局的介紹，不會告訴你；唯有接近街道塗鴉，才能傾聽一座城市的心跳聲。

地標，是一個城市給外地人的想像，也是遊客初次拜訪的首選之地。巴黎鐵塔、紐約時代廣場、台北101大廈、上海東方明珠塔，北京天安門廣場……，都是這些城市的象徵性地標。外地人往往是憑著這些地標，來想像一個城市的面貌。

年輕時的我，也不例外。第一次到紐約，不免要背對著時代廣場的巨大廣告看板，拍攝一張到此一遊的照片，證明自己真正來過紐約。同樣地，天安門廣場高掛的毛澤東像，是我首度北京行的證明；東方明珠塔的大鐵球，則是我的上海紀念章。

地標眞的能代表城市？或許就像名片一樣，它表明了城市的今天，多少也能透露些許城市昨天的點滴。但是，我總覺得地標實在是太過「正式」了些，似乎還少了點什麼？

尋覓塗鴉，邂逅在地的心跳聲

近幾年，我在城市間頻頻移動，平均每周一次，從一個城市移動到另一個城市。很自然地，我也經常透過地標來辨識城市。然而，或許是熟悉所帶來的倦怠，曾幾何時，不知不覺地，我對城市的地標無感了。

尤其是，台灣開放陸客來台後，我每次接待大陸友人，毫不例外地被要求伴遊台北101。我開始警覺到，地標有一種先入爲主的影響力。同時，我也發現地標的刻板形象，不只死氣沉沉，無法呈現城市的全貌，甚至淹沒了城市的鮮活生命力。

記得有一年在倫敦東區，我參觀完一次所謂的當代藝術展，卻完全感受不到「當代」，甚至感覺到一種「不藝無術」的輕率。我嘔得獨自生悶氣，一個人漫無目的閒逛，有路就走，隨興地東拐西彎，無意間竄進了倫敦東區的Brick Lane。

那地區稱得上是街頭塗鴉的殿堂。那天下午，我在Brick Lane的街頭巷尾，東張西望，尋覓塗鴉。直到夕陽西下，我仍捨不得離去，依然借著路燈的微光，貪婪地企圖要一口呑嚥下整個街區的塗鴉。我驚訝地發現了塗鴉的「在地性格」：當你用心去貼近塗鴉，就能聽見在地的心跳聲。

那場邂逅的塗鴉之旅，也改變了我日後的城市之行。從那之後，塗鴉就成爲我的城市地標。我開始熱中於尋找各城市的街頭塗鴉，每到一個城市，一有機會就打聽當地的街頭塗鴉。在我心中，塗鴉是街道的呼吸，在裡面能聽見整座城市的心跳！

創意、創新和時尚的元素

塗鴉，創作在街道上、展覽在街道上，觀賞者更在街道上。塗鴉能隨著街道的興衰，來展現它的生命力。塗鴉不只因街道而出現，街道也因塗鴉而成長。如比利時藝術家ROA依據建築物形式創作的大型動物畫，在近年便大受關注，因爲ROA的塗鴉，已是街道性格的象徵了。

近些年來，街道塗鴉的社會影響力，更急速上升。不只獲得主流藝術圈的認同，漸成爲當代藝術不可或缺的一部份，更跨界到各行各業，成爲創意、創新和時尚的元素。

塗鴉已是國際性城市必要的街道家具，甚至象徵著城市的未來願景。當代聞名的某些塗鴉畫家，更展現了藝術的社會影響力，如Shepard Fairey的一幅標註「希望」的歐巴馬肖像海報，即在美國總統競選中，發揮一定影響力。

此外，因爲塗鴉創作在當下情境，往往也成爲當代社會的良心。如Banksy作品，素以政治和社會批判聞名，那種一針見血的嘲諷，從倫敦風靡到世界各地，吸引嚮往理想的年輕粉絲。Banksy塗鴉的T shirt，更成爲流行的時尚潮牌。

台北街頭衆聲爭鳴，彰顯生活韻律

塗鴉的街道性格，正是營造城市生活型態最佳的視覺符號。因此，影像創作者也喜歡藉由塗鴉壁畫，呈現城市的氛圍及生活型態。

2013年票房亮眼的電影《總舖師》，就有一場引起影迷熱烈討論的塗鴉場景。那幅地底隧道的彩繪壁畫，令人驚艷。其實，這不是眞正的塗鴉壁畫，而是台北市鐵路地下化後，預留乘客逃生的華山引道，從未對外開放。電影拍攝劇組用兩周時間，創作了色彩鮮明的塗鴉壁畫，營造一個奇幻色彩的想像世界。

若要看眞正台北市的塗鴉，則要多跑些地方。台北市塗鴉分散各地，呈現出各式各樣的風格，如同台北市細膩而多元的性格。例如汀州路三段的寶藏巖國際藝術村，那裡依建築地勢而繪製的塗鴉，很能彰顯藝術村的生活型態；西門町的武昌街二段、昆明街96巷一帶，則有著青春奔放的豐富面貌；時下遊客嚮往的永康街一帶，則是台北美食生活的縮影，當你穿梭在咖啡館、茶藝館和美食環繞的巷弄中，也常有不期而遇的精彩塗鴉。

此外，台北市的大安森林公園及分散各區的河濱公園，也有風格各異的塗鴉，彰顯台北市的生活韻律。

倫敦的街道塗鴉

北京798藝術園區塗鴉

帝都北京塗鴉也被體制「和諧」

像北京、上海這種大陸的大都市，相當強調市容整齊劃一，尤其是首都北京，很難在公共戶外空間發現塗鴉。

但別心急，只要有心，北京不會令你失望。位於北京東北邊朝陽區京順路及蔣台路高架橋下（近麗都假日酒店那段），就有二十多幅大型塗鴉牆，相當壯觀。這些塗鴉隱藏在安全島行道樹後面，較不礙眼，是北京市區少數存在於公共空間而得以倖存的塗鴉，觀之特別令人亢奮。

其實，北京要看塗鴉，最方便的就是798藝術園區了。畢竟在藝術園區內，塗鴉可以出現得理直氣壯。再說，在藝術專區內，濃厚的文化思維也有更多發揮的自由空間，不但較能展現塗鴉者的社會意識，也更能反映城市的生命力。所以，到798看看塗鴉，絕對可以認識帝都北京的另一個面貌。

此外，人民大學校園內的南邊也有座塗鴉牆，但是一樣的塗鴉，卻展現了不一樣的風景。在那兒，校方的主導性必須勝過一切，透過學校的規劃，塗鴉牆成爲社團的大型海報牆，上面畫著諸如號召志願者（即「義工」）之類的塗鴉訊息，也算是街頭藝術被體制成功「和諧」的一個案例。

旅遊局不會告訴你的事，自己多打聽

位於大陸東南方的另一個大都市上海，一向特別強調秩序、規矩、整齊的市容，要想在街道巷弄盡情揮灑塗鴉，那是不可能的任務。

但是，上海既然是國際都會，又號稱「魔都」，缺少了塗鴉這種國際性元素，恐怕也不適當。所以，藝術家和藝廊聚集的莫干山，就很自然地成爲了上海少數能接受街道塗鴉生存的地方。只是上海的塗鴉實在是太過清淡了，搭配不上浦西老租界巷弄中風情萬種的腔調。

塗鴉的「在地性格」，訴說的是城市當下的故事，展現的是城市未來的想像。每個城市的塗鴉，都象徵著當下的城市性格，如阿姆斯特丹的叛逆，巴黎的時尚，紐約的多元，倫敦的顛覆……這些鮮明的城市性格，官方旅遊局的介紹不會告訴你。即使造訪旅遊媒體介紹的知名地標，也感受不到；唯有街道塗鴉，才能聽到當地社會最真實的聲音。下一趟旅程，當你參觀完一個城市的地標景點後，不妨向當地人打聽哪裡有街道塗鴉，用心去傾聽一座城市的心跳聲。

人文旅遊 3027

移動的城市

作　者──楊志弘
編　輯──王克慶
封面設計──果實文化設計工作室
內頁設計──黃庭祥
董事長──趙政岷
總經理
出版者──時報文化出版企業股份有限公司
10803台北市和平西路三段二四〇號七樓
發行專線──（〇二）二三〇六──六八四二
讀者服務專線──〇八〇〇──二三一──七〇五
（〇二）二三〇四──七一〇三
讀者服務傳真──（〇二）二三〇四──六八五八
郵撥──一九三四四七二四時報文化出版公司
信箱──台北郵政七九～九九信箱
時報悅讀網──http://www.readingtimes.com.tw
法律顧問──理律法律事務所　陳長文律師、李念祖律師
印　刷──華展彩色印刷股份有限公司
初版一刷──二〇一六年一月二十九日
定　價──新台幣三四〇元

國家圖書館出版品預行編目資料

移動的城市／楊志弘 著.
-- 初版. -- 臺北市：時報文化，2016.01
面；　公分. --（人文旅遊；3027）

ISBN 978-957-13-6500-8（平裝）

1.旅遊文學　2.世界地理

719　　　104027170

ISBN：978-957-13-6500-8
Printed in Taiwan